W0272742

Auf den Spuren der
Elizabeth von Arnim
auf Rügen

Annemarie Stoltenberg (Hrsg.)

Auf den Spuren der Elizabeth von Arnim auf Rügen

Mit Textbeiträgen von
Kirsten Jüngling und Brigitte Roßbeck
und Farbfotografien von
Thomas Billhardt

Ullstein

Die Deutsche Bibliothek – CIP-Einheitsaufnahme

Auf den Spuren der Elizabeth von Arnim auf Rügen /
Annemarie Stoltenberg (Hrsg.). Mit Textbeitr. von
Kirsten Jüngling und Brigitte Rossbeck und Farbfotogr.
von Thomas Billhardt. – Berlin : Ullstein, 1997
ISBN 3-550-06947-2
NE: Stoltenberg, Annemarie [Hrsg.]; Jüngling, Kirsten

Bild Seite 2/3:
Was für ein köstlicher Ort, um den ganzen Tag
mit einem Buch dort zu liegen ...

© 1997 by Ullstein Buchverlage GmbH, Berlin
Die Verwertung der Texte und Bilder, auch auszugsweise,
ist ohne Zustimmung des Verlags urheberrechtswidrig und strafbar.
Dies gilt auch für Vervielfältigungen, Übersetzungen, Mikro-
verfilmungen und für die Verarbeitung mit elektronischen Systemen.
Satz: LVD GmbH, Berlin
Lithos: Fa. Spectrum, Berlin
Druck: Tipografia Torinese
Printed in Italy 1997
ISBN 3 550 06947 2

Gedruckt auf alterungsbeständigem Papier
mit chlorfrei gebleichtem Zellstoff

Inhalt

Wandern ist auf Rügen die vollkommenste Art der Fortbewegung, ein Weg in die Freiheit …

Vorwort

Eines der exquisitesten Reisevergnügen, das ich mir vorstellen kann, ist ohne Zweifel, Rügen auf den Spuren von Elizabeth von Arnim zu entdecken, denn sie hat die Gabe, zuerst einmal auch unser heutiges Reisetempo zu drosseln und damit unseren Blick zu schärfen. Wandern ist für Elizabeth *»die vollkommenste Art der Fortbewegung, wenn man das Leben entdecken will. Es ist der Weg in die Freiheit.«*

Thomas Billhardt, Kirsten Jüngling und Brigitte Roßbeck sind in die gräflichen Fußstapfen getreten und haben sich die Insel durch Elizabeths enthusiastische, mitunter entzückend rosarote Brille angesehen. Sie wandern mit dem Roman *Elizabeth auf Rügen* in der Hand und entdecken für uns dieses bisweilen verzauberte Atlantis neu: die kleinen Badeorte, die dichten Wälder und reichen Fischgründe, die lieblichen Höhenzüge. Sie finden überall auf der Insel Menschen, die durchaus darauf vorbereitet sind, daß Gäste kommen und eine schmucklose Kirche besichtigen möchten, nur weil eine gewisse Elizabeth von Arnim das auch versucht hat.

Im wirklichen Leben reiste Elizabeth mit einer Freundin und mit ihren Töchtern nach Rügen. Die Unternehmung war ein wenig kühn für die Zeit knapp nach der Jahrhundertwende, obwohl die Damen während ihrer kleinen Abenteuer und überraschenden Wagnisse nie in irgendeine Gefahr gerieten, etwa während des Verlustes der Kutsche, einer leichten Victoria, gleich zu Beginn der Reise. Elizabeth war samt ihrer Jungfer Gertrud abgestiegen, ohne daß Kutscher August dieses bemerkte, und deshalb waren die beiden einige Zeit gezwungen, ziemlich mißmutig das zu tun, was die Gräfin angeblich so leidenschaftlich gerne tat: zu Fuß dem Reisemöbel hinterher zu trotten. Im Laufe der nächsten Tage begegnen sie einigen einfältigen Eingeborenen, meckern über mangelhafte sanitäre Einrichtungen, aber vor allem über andere Touristen, die sich wie Schafe zur Herde formieren, um Aussichten und

Sonnenuntergänge zu genießen: *Also wirklich – diese Badegäste ...*, denkt Elizabeth entrüstet. *Wie kam diese Person dazu, mich anzulächeln und prachtvoll zu sagen?* Es ist doch schlicht empörend, daß man eine solche Insel nicht für sich allein hat ...

Aber diese weiblich-charmante Neigung zur Quengelei wird immer wieder besiegt durch Elizabeths Freude an der Schöpfung und ihre unglaublich intensive Erlebnis- und Glücksfähigkeit. Eine Dame mit Florentinerhut und Sonnenschirm haben wir uns vorzustellen, die das einfache Leben sucht, allerdings ohne auf die Vorzüge der Zivilisation verzichten zu wollen. Sie läßt das Erhabene mit dem Hausbackenen zusammenprallen und lacht sich ins Fäustchen. Sie macht sich über andere ebenso lustig wie über sich selbst. Wie Theatervorhänge öffnet sie uns neue Perspektiven, bis wir die mondweißen Kreidefelsen mit ihren Augen sehen, uns über einen Abgrund beugen oder in der Ferne als kleinen weißen Punkt begeistert eine Fähre oder ein Segelschiff ausmachen. Sie ist entzückt über das undurchdringliche Grün der Wälder und führt uns an verwunschene Seen, über denen die Mücken im Sonnenlicht tanzen.

Und wenn es denn einmal gar zu viel Sentiment werden will, und wir leise zu seufzen beginnen, dann erscheint im Roman eine Dame namens Charlotte, auf der Flucht vor ihrem liebeskranken Ehemann, der zu viele gemeinsame Kinder mit ihr bekommen möchte, während sie auf dem Weg in ein selbstbestimmtes, freies Leben nicht mehr zu bremsen ist. Auch Elizabeth war im realen Leben mit einem preußischen Junker verheiratet, der ebenfalls gerne viele Kinder mit ihr gezeugt hätte, und wir haben allen Grund zu der Annahme, daß Elizabeth in den wichtigsten Fragen ihres Lebens auch ihn nicht allzu ernsthaft – wie Charlotte ihren erfundenen Professor Nieberlein – um seine Meinung gefragt hat. Sie hat selten Kräfte damit verpulvert, um ihre Emanzipation zu streiten, sondern sie hat sie einfach gelebt, quicklebendig und mit einer Ausgeschlafenheit, die bis in unsere Zeit aus ihren Texten sprüht.

Kirsten Jüngling und Brigitte Roßbeck haben mit dem akribischen Blick der Biographinnen Elizabeths Romanzitate (kursiv) mit der Realität konfrontiert. Thomas Billhardt hat die Insel so fotografiert, daß wir Elizabeths Beschreibungen und Jubelrufe wiedererkennen. Mich überfiel eine unbändige Lese- und Reiselust, das alles einfach zu genießen.

Annemarie Stoltenberg

Vor der Reise in Nassenheide – Aufbruch nach Rügen

Als Mary Annette Gräfin von Arnim sich im Sommer 1901 auf den Weg nach Rügen machte mit der erklärten Absicht, ein Buch über diese Reise zu schreiben, hatte sie unter dem Pseudonym »Elizabeth« schon drei Bestseller auf dem englischen Markt untergebracht. Sie hatte sich als Autorin etabliert, die mit Esprit ihren Alltag beschrieb: als Herrin eines Landguts in Pommern, als Frau von Henning August Graf von Arnim-Schlagenthin – liebevoll, doch mit durchaus ernstgemeintem Unterton »der Grimmige« genannt –, als Mutter von Evi, Liebet, Trix, ihren Lesern als die April-, May- und June-Babies bekannt, und von Felicitas, dem echten Juli-Kind.

1896 war die Familie Arnim von Berlin nach Nassenheide gezogen. In unseren Tagen trägt das Dörfchen einen polnischen Namen: Rzedziny. Es liegt nahe dem Grenzübergang Linken. Eingebettet in Kiefernwälder, Heideflächen und Ackerland hatte die Gräfin das Schloß gefunden, als sie im März dieses Jahres ihren Mann auf einer Inspektionsreise zu seinen pommerschen Gütern begleitete. Bis in den Dreißigjährigen Krieg hinein ein Kloster, lag es verlassen, unweit des Wirtschaftshofs von Nassenheide. Die Pferde-, Rinder- und Schweineställe, die Brennerei, das Verwalterhaus bildeten einen lebhaften Kontrast zum steingrauen vielgiebeligen Gebäudekomplex, der, von wildem Wein überzogen, inmitten eines alten Parks lag. Das zum Gut gehörige Dorf war klein, praktisch nur ein Straßenzug mit niedrigen Landarbeiterkaten, aber es hatte eine neue Schule und eine eigene Eisenbahnstation. Zur Kirche fuhr man in den Nachbarort Boeck, wo sich ein weiteres Arnimsches Gut befand. Elizabeths frühe Bücher erzählen, wie sie Nassenheide entdeckte und zum Wohnsitz ihrer Familie machte, wie sie in ihrem ersten Mai dort den Flieder aufblühen sah, einen Rosengarten rund um die verwitterte Sonnenuhr anlegte und ihren Kindern in späten Winterwochen die Zeit vertrieb, wenn Schlittenpartien und Puppenhäuser ihren Reiz verloren hatten.

Heute steht man im völlig verwilderten Park und sucht die alte Pracht vergebens. Zwar begrenzt noch immer der breite Wassergraben das Gelände, auf dem sich das Schloß und Elizabeths Garten befanden. Doch davon blieben nur ein paar brüchige, von wildem Strauchwerk und Gras überwucherte Steinstufen. Von der Sonnenuhr, den Buchseinfassungen, den Rosenbüschen keine Spur mehr. Die Wirtschaftsgebäude stehen noch, die heruntergekommenen Stallungen sind leer. Ein kleiner Hügel auf der nahen Wiese fällt auf, ihn bilden die niedergesunkenen Überreste des Treibhauses, Elizabeths Refugium. Welchen Blick mag sie wohl von ihrem Platz am Schreibtisch durchs Fenster gehabt haben; auf die blaue Linie des fernen Waldes? Leuchteten auch damals Birkenstämme hell aus dem Dunkel der Kiefern? Da fällt der Blick auf die halbkreisförmige Fliederhecke mit einem Durchgang in der Mitte, und plötzlich kommt eine Ahnung auf von dem Zauber, der in einem etwa hundert Jahre zurückliegenden Frühling von diesem Ort ausgegangen sein muß. Hier lebte Elizabeth, ging in Begleitung der riesigen Dänischen Doggen ihre Lieblingswege, war im Winter mit Freundinnen auf den zugefrorenen Gräben eislaufen, schnitt im Sommer – die Kinder im Schlepptau – verblühte Rosen ab, betrachtete mit Henning an einem milden Herbstabend von der Veranda aus Mond und Sterne … und stritt mit ihm über das ihr verhaßte Thema, daß dem Haus Arnim-Schlagenthin noch immer ein Erbe fehlte.

All das ist nicht nur in Elizabeths Büchern nachzulesen. Vieles steht in ihrem Tagebuch. Eine amerikanische Bibliothek verwahrt dieses Journal, Briefe und Manuskripte aus ihrem Nachlaß. Die Übereinstimmung mit den Romanen ist oft verblüffend. In dem Tagebuch steht auch, daß Elizabeth regelmäßig in die Sommerfrische nach Rügen fuhr. Sie reiste gewöhnlich mit dem Dampfer von Stettin aus, gut sieben Stunden dauerte die Passage, oder mit der Bahn über die Strecke Berlin–Stralsund und dann mit dem Trajektschiff, das ganze Eisenbahnwaggons mitsamt den Passagieren auflud und über den Ziegelgraben[1] brachte. Rügen war um die Jahrhundertwende beliebtes Ausflugsziel vor allem der Berliner, aber alte Ansichtskarten bezeugen, daß treue Gäste sogar aus Österreich kamen – zum Urlaub im hohen Norden. Elizabeth interessierte sich für Rügen auch, weil sie mit der fast gleichaltrigen Victoria Wanda von Veltheim, der Urenkelin Fürst Maltes, des legendären Gründers von Putbus, befreundet war.[2]

Die Gräfin pflegte Freundschaften. Besonders in den Sommermonaten gaben sich in Nassenheide Besucher die Klinke in die Hand. Oft war sie auch in Berlin, um dort Verwandte und Bekannte zu treffen. Und mindestens einmal im Jahr fuhr sie nach London zu ihrer Familie. Auch im März/April 1901 hielt Elizabeth sich dort auf, machte Abstecher, beispielsweise nach Oxford zu ihrer Freundin Oona Buttler.

Englandaufenthalte hatten auch geschäftliche Gründe. Im Frühjahr 1901 fand zwischen der Autorin und ihrem Verleger die abschließende Besprechung des laufenden Projekts statt, an dem sie, zurück in Nassenheide, in jeder freien Minute arbeitete. Am 21. Juni endlich konnte sie in ihrem Tagebuch notieren: »Sandte Macmillan meine geänderten und korrigierten Druckfahnen von *The Benefactress*«[3]. Schon im darauffolgenden Oktober lag das Buch in England in den Läden.

Ihr Kopf war nun frei. Elizabeth machte sich ganze drei Tage lang Gedanken. Unter dem 24. Juni steht in ihrem Tagebuch: »Stiller Tag. Plötzlich ging mir auf, daß nichts dagegen spricht, nach Rügen zu fahren und dann ein Buch über meine Abenteuer zu schreiben. Erfüllt von dieser Idee, schrieb ich sofort an Oona, um sie davon zu überzeugen, mitzukommen.«

Am nächsten Tag erzählte Elizabeth Henning von ihren Plänen und bestellte Landkarten für die Reise, am 26. schrieb sie die Einleitung zu *The Adventures of Elizabeth in Rügen – Elizabeth auf Rügen:* Spektakuläre Natur und ganz spezielle Seebadatmosphäre sollten zur Kulisse für amüsant-überspannt agierende Figuren werden.

Das Abenteuer begann am 16. Juli 1901 in aller Herrgottsfrühe am Nassenheider Haltepunkt der Schmalspurbahn, gleich hinter der Brennerei, in der ein Gutteil der »Pommeranian Potatoes« des Grafen Arnim zu Schnaps verarbeitet wurde. Dort bestiegen Elizabeth und Oona mit leichtem Handgepäck den Zug in Richtung vorpommersche Ostseeküste. Aber Wilhelm, der vorausgeschickte gräfliche Kutscher, erwartete sie nicht allein in Miltzow.

Miltzow, das war ein verschlafenes Nest mit ein paar roten Backsteinhäusern um einen roten Backsteinbahnhof vor dem Dorf, mit Einwohnern, kaum verwöhnt durch unterhaltsame Ereignisse. Also war sofort das interessierte Publikum erschienen. Neugierig hatte es die wappengeschmückte Kutsche umlagert. Dem Zug Berlin–Stralsund entstiegen gegen ein Uhr mittags zwei elegant gekleidete Mittdreißigerinnen. Mit Unterstützung des ganz offensichtlich gut geschulten Wilhelm rückten sie sich zurecht auf ihrer Sitzbank – zwischen Reisetaschen, Picknickkorb mit Teekessel, Hutschachteln, Schirmen ... Staub wirbelte auf von der baumgesäumten Chaussee, und der Wagen entschwand den Augen der Miltzower. Aus dem Kutscher Wilhelm wurde in Elizabeths Buch ein August, aus der lebhaften, künstlerisch begabten Oona mit den Malutensilien die schweigsame, hilfreiche Jungfer Gertrud mit ihrem Strickzeug.

Das Stationsgebäude von Miltzow scheint seit der Jahrhundertwende unverändert. Und noch immer geht von hier aus der Blick zur Lindenallee, die, rechts abbiegend, in Richtung Küste verläuft. Wie die kleine Reisegesellschaft im Juli 1901 befährt man heute dieselbe Straße, um nach Reinberg zu kommen. Dort kann man sich Zeit nehmen: die uralte Linde oben auf dem Friedhofshügel will bestaunt und Elizabeths Behauptung, das Innere der Kirche sei abscheulich, überprüft werden. Ungeduldige streben direkt nach Rügen – und das heißt: zuerst nach Stahlbrode.

Unverändert – das Stationsgebäude von Miltzow ...

Von Stahlbrode bis Putbus

»Kein Ort kann unschuldiger aussehen als Stahlbrode. Am Ende eines schmalen Dammes aus Holz, der von der sumpfigen Küste bis zur Fähre führte, war ein großes Fischerboot mit zusammengerollten braunen Segeln vertäut ..., die Küste von Rügen gegenüber war flach und leuchtend grün, und die See dazwischen war von reizendem glitzerndem Blau. Am Himmel trieben lockere perlfarbige Wolken ... Das Boot war leer, ein Ding mit steilen Seitenwänden und einem gewölbten Boden, und es war sicher nicht dazu geplant, eine Kutsche mit Pferden überzusetzen ... Ich ging hinüber zum Gasthaus, einem neuen roten Ziegelbau ..., als ein Mann mit gelbem Bart bereitwillig aufsprang und auf meine Frage, ob und wie wir nach Rügen übersetzen könnten, sagte, er sei der Fährmann und würde uns fahren ... ›Was! Hier auf dieses hölzerne Ding?‹ schrie August. ›Mit meinen Pferden? Und meiner frischlackierten Kutsche?‹ ...

Er sah aus, als wäre sein letztes Stündlein gekommen.«

Von Reinberg führt eine kleine Straße ohne Umschweife zur Stahlbroder Landungsbrücke. Als die Arnimsche Kutsche zur Fähre rollte, hatte ein Knüppeldamm bis hin zum schlichten Bohlensteg geführt. Doch diese hölzerne Anlage barst unter dem Ansturm einer Flut des Jahres 1904.

Sein Name hält nicht, was er verspricht: Im so genannten FÄHRHAUS STAHLBRODE gibt es für Elizabeth-von-Arnim-NachfolgerInnen gar nichts zu suchen. Der ehemalige Gasthof, der behäbige Ziegelbau, in dem Elizabeth tatsächlich ihren freundlichen Fährmann aufstöberte, blickt jedoch in unmittelbarer Nachbarschaft über den Bodden. Ein Wohnhaus ist daraus geworden, und sein seeseitiger Eingang – die Gräfin nahm ihn, um zur Tür mit der Aufschrift GASTSTUBE zu gelangen – wurde zugemauert, die Umrisse bilden nunmehr den Rahmen für ein weitaus bescheideneres Entré.

»›Heil dir, du Märcheninsel ...‹, flüsterte ich vor mich hin ... Ich sah eifrig und interessiert um mich, und selten habe ich etwas gesehen, was weniger märchen-

haft und mehr wie die pommersche Küste aussah. Die Straße war eine Fortsetzung der Straße auf dem Festland, genauso langweilig ..., und sie lief mit melancholischer Gradheit auf ein Dorf drei Meilen vor uns zu, Garz ...«

»... dann ... kehrten wir zurück zu dem wohlbekannten Rattern auf der harten Landstraße. Ich seufzte erleichtert auf und lehnte mich hinaus ... in der Ferne erschien ein schwarzer Fleck, der sich in entsetzlicher Geschwindigkeit zu einem Automobil entwickelte. Die Pferde ... ihre Nerven würden niemals einen so furchtbaren Anblick ertragen ... ›Spring heraus Gertrud – sie werden durchgehen.‹ ... August hingegen wurde in der Ferne immer kleiner. Offenbar hatte er gar nicht bemerkt, daß wir ausgestiegen waren. ... Vor lauter Verzweiflung mußte ich lachen ... Weit hinter uns, am Ende einer langen Reihe von Chausseebäumen, sah man Garz. ... Das einzige, was Gertrud bei sich hatte, war ihr halbgestrickter Strumpf. ... Eine Weile trotteten wir schweigend dahin ... Gertrud, die schärfere Augen hatte, stieß einen Ruf aus. ›Was ist! Siehst du August?‹ schrie ich. ›Nein, nein – aber dort auf der Straße – der Picknickkorb!‹ Er war natürlich aus dem Wagen gefallen, da wir beide ihn nicht mehr zwischen uns festklemmten. ... Der Kirchturm von Casnewitz, jetzt viel näher gerückt, präsidierte über unserem kümmerlichen Schmaus ... Zum Schluß begruben wir den Picknickkorb im Straßengraben ... und dort liegt er, vermutlich sehr verrottet, bis zum Jüngsten Tage.«

Hauptattraktion zwischen Garz und Kasnevitz sind seit eh und je Baumriesenreihen. Nichts stört die Freude über die Fahrt durch hohe dämmrige Laubgewölbe. Zur Jahrhundertwende mögen tief ansetzende Äste das Verdeck von Elizabeths Victoria gestreift haben. Auf 4,5 Meter Lichtraumprofil müssen die ausladenden Kronen der Krimlinden heutzutage zurückgeschnitten werden. Ein – freiwilliger – Fußmarsch durch die Allee zwischen Garz und Kasnevitz könnte ohne Zweifel zu den unvergeßlichen Rügenerlebnissen zählen – gäbe es da nicht, in der Tat, diese rücksichtslos vorbeibrausenden Autos ...

Doch Zeitgenossen, die es eingedenk Elizabeths einprägsamer Beschreibung gerade an diesem Straßenrand nach einem Halt oder sogar nach Ausgrabungsarbeiten, nach einer Picknickkorbsuche womöglich, gelüstet, sollten bitte zuvor die dem Tagebuch der Gräfin entnommenen Erläuterungen zu dieser Wegstrecke bedenken:

Ein Stück hinter Garz, heißt es dort, hätten sie Wilhelm zu halten befohlen,

Eine Viertelstunde lang wird man sanft nach Rügen hinübergeschaukelt.

einige Täßchen Tee aufgegossen und das belebende Getränk in aller Gemütsruhe neben dem Straßengraben sitzend genossen. Hernach sei man per Kutsche durch Kasnevitz gefahren, dann durch wundervolle Buchenwälder gerollt, die dem Fürsten gehörten, bis hin nach Putbus!

Die ganze aufregende Geschichte war also nur eine Finte, ein literarischer Schachzug. Aber ein ähnliches Mißgeschick passierte wirklich. Es geschah allerdings nicht durch die Konfrontation mit einem Auto, und es geschah etliche Tage später. Wo Elizabeth und ihre Begleiterin dem ihren Blicken entschwindenden Gespann nachstarrten, wird erst am wahren Ort der Handlung verraten. Die Autorin entschied sich mit dem Vorgriff für einen spannenden Auftakt des Rügenromans. Brisante Begegnungen zwischen Benzin- und Pferdekutschen waren zu Beginn des Jahrhunderts noch etwas Besonderes. Eines der ersten Automobile auf Deutschlands Straßen, der Patent-Motor-Wagen Benz »Victoria« – gemäß Annonce mit »3pferdiger Maschine, vier massiven Gummirädern, Verdeck, Spritzleder und Laternen« –, wurde 1893 gar nach dem Zweispänner benannt, den auch Elizabeth benutzte. Und dem sah die ohrenbetäubend lärmende Namensvetterin noch verblüffend ähnlich. Insassen dieser Fortbewegungsmittel vermummten sich zum Schutz gegen Staubwolken mit breiten Schals, Gesichtsschleiern, voluminösen Überhauben mit Sichtfenstern oder entstellenden Brillen. Vierbeinern konnten da die Nerven schon durchgehen.

Buchenwälder flankieren nach wie vor die Straße Richtung Putbus. Prächtige Eichen kennzeichnen kurz vor dem Ort den parallelen Verlauf einer weit älteren Trasse, auf der Elizabeths Kutsche ganz gemächlich bis ins Residenzstädtchen rumpelte. Bereits 1848 wurde sie »zur Hebung des Bäderwesens« und »zur bequemeren Kommunikation« kopfsteingepflastert. Hochsommer, das bedeutete auch damals Hochsaison auf der Insel. Die Wirtschaft der heraufziehenden Gründerzeit boomte und mit ihr der Tourismus. Wo sich einst ortstreue hoch- und wohlgeborene Sommerfrischler noch mit Rang und Namen begrüßt hatten, kannte sich zur Jahrhundertwende eine stark erweiterte Gästeschar kaum mehr vom Sehen. Auch Elizabeth von Arnim nahm die sich wandelnden Verhältnisse in Putbus zur Kenntnis.

»Je näher wir nach Putbus kamen, desto zivilisierter wurde es. Auf beiden Seiten der Straße standen mehr und mehr Bänke … statt der üblichen Schilder aus

Die Straße führt nun durch Alleen, wundersame Baumtunnel ...

Holz wiesen schöne eiserne mit mattgoldenen Buchstaben auf die Waldwege hin, und bald tauchten die ersten schmiedeeisernen Laternen auf, um die Landwege zu beleuchten. All diese Anzeichen wiesen auf Badegäste hin ... wunderliche und altmodische Anmut ... An der Hauptstraße liegen auf der einen Seite Parkanlagen des Fürsten Putbus, auf der anderen verschieden hohe, altmodische Häuser, alle weiß und alle reizend ... in den Anlagen stille Winkel ... jeder Badegast darf darin wandeln ... Ungestört wächst Gras zwischen den Pflastersteinen ... Ein weißes Theater mit einem Säulengang ist ebenso malerisch altmodisch wie alles andere ... wie ein Bild oder wie ein Traum ... Wir fuhren um den Circus ...«

Vieles blieb hier beim alten. Da drängen sich tatsächlich Grasbüschel zwischen Pflastersteinen hervor. Auch schmiedeeiserne Wegweiser überdauerten viele Jahrzehnte. Die Laternen allerdings haben sich zu ihrem Nachteil verändert. Sie sind Zitate einer Spießerästhetik – ein Fremdkörper in Putbus' Architektur, die dem erlesenen Geschmack der ersten Hälfte des 19. Jahrhunderts entspricht: ein Gesamtensemble, das sich zur einzigartigen Kulisse fügt, ohne Mühe in Verbindung zu bringen mit überlieferten Bildern von Sommerfrischlern, die auf windgeschützten Veranden saßen und speisten, durch die Alleestraße zum Marktplatz promenierten oder rund um den Circus, vorbei an sechzehn wie an einer Perlschnur aufgereihten zwei- und dreigeschossigen Gebäuden. Wie damals kontrastieren vielfarbig blühende Hochstammrosen mit dem Weiß klassizistischer Fassaden. Jeder der acht sternförmig angelegten, von Kugeleichenreihen begleiteten Promenadenwege führt zum Zentrum des kreisrunden Platzes. Die »Modellstadt später Klassizismus« ist dabei, das Image des wunderlichen und – wie von Elizabeth von Arnim betont – altmodisch-anmutigen Residenzstädtchens zurückzugewinnen.

In Putbus traf die Gräfin Arnim auf aristokratische Freunde. Ihre persönlichen Reisenotizen lassen wissen: In der Kanzlei des Fürsten zu Putbus hatte sie ihre Karte abgegeben. Die Herrschaften waren nicht erreichbar. Also gingen Elizabeth und Oona erst einmal konditern. Wie hübsch, anschließend zu flanieren. Und wie schmeichelhaft, doch noch aufgestöbert und zum Essen ins fürstliche Schloß gebeten zu werden. Auch Vicky von Veltheim war anwesend. Später ließen sich die Damen zum Plauderstündchen auf der Terrasse nieder. Etwa einen Monat bevor Elizabeth diese Reise angetreten hatte, war Vicky von Veltheim zusammen mit Ehemann und Söhnchen Ludolph zu

Putbus ist die schläfrigste kleine Stadt, unwirklich wie ein Bild oder wie ein Traum …

Gast bei der Arnim-Familie in Nassenheide gewesen. Der Knabe paßte altersmäßig zu Elizabeths vier quicklebendigen Töchtern. Ganz kleiner Kavalier, hatte er jedem Mädchen einen Ring überreicht und es anschließend fest gekniffen. Die beiden Mütter nahmen derweil den Tee auf dem Rasen und beobachteten wohlwollend das kindliche Treiben. Das Männerprogramm gestaltete sich nach Gutsherrenart: ausreiten und ein bißchen jagen.

1816 hatte Vicky von Veltheims weltläufiger Urgroßvater[4] mit der Verwandlung von Putbus in ein Luxusbad begonnen. Der pragmatische Phantast hatte die zauberhafte weiße Stadt entworfen, als Keimzelle diente ihm eine Brauerei. Nie war man, so urteilten Besucher, auf so kleinem Terrain mehr Kunst und angenehmem Geschmack begegnet.

Das mehrfach umgestaltete und nach einem Brand wieder aufgebaute Schloß – in einem seiner Seitenflügel war die von Elizabeth aufgesuchte Kanzlei untergebracht – wurde 1962 weggeräumt, einfach so ... Dennoch leicht vorstellbar, daß dort, wo man in unseren Tagen von den Überresten der Residenz aus, der Pergola mit Terrasse, über den Schwanenteich blickt, Elizabeth von Arnim und ihre Freundin Oona Buttler in Gesellschaft von Vicky von Veltheim am 18. Juli 1901 einen netten Nachmittag verbrachten.

Im Schloßpark erinnern noch die Orangerie, der Marstall, das Affenhaus, das Mausoleum sowie ein carraramarmornes Malte-Denkmal an jene glanzvoll fürstenherrliche Epoche. In der warmen Jahreszeit turnten zu Elizabeths Zeiten zur Freude der Fürstin Affen, wo inzwischen das Puppen- und Spielzeugmuseum mit kleinem Café untergebracht ist. Insbesondere mit dem 1821 fertiggestellten kleinen Theater wußte das Haus Putbus den Ruf seiner Residenz als kulturelles Zentrum Rügens zu unterstreichen. Kur- und Badegäste aus Binz, Göhren oder Sellin wurden ab 1895 mit der Kleinbahn sehr komfortabel zu den abendlichen Vorstellungen und retour expediert. Der Fahrplan richtete sich nach dem Spielplan.

Das Badehaus in der Goor und die Insel Vilm

»Wir fuhren um den Circus an der Südseite herum, dann einen Hügel rechts hinunter ... dahinter lag, wie ein durchsichtiger Saphir, die See. Ungefähr anderthalb Meilen vor uns lag Lauterbach ... Wir überquerten die Geleise und fuhren zwischen Kastanien und grünen Böschungen zum Hotel ... ein langgestrecktes weißes Gebäude, etwa wie ein griechischer Tempel mit einem Säulengang und einer Treppenflucht, auffallend weiß vor dem Hintergrund der Buchen. ... Die Decke des Säulenganges war in Vierecke geteilt und himmelblau bemalt, aber stellenweise waren Farbe und Gips abgefallen. Dies alles und die Stille verliehen dem Ort ein seltsam verödetes Aussehen. Man hätte meinen können, es sei geschlossen ... So bezaubernd der Eindruck war, so deutlich war nun zu sehen, daß die Zeit es nicht geschont hatte ... Weiter ging es durch verzwickte Gänge ... Ich wählte ein Zimmer, dessen Fenster auf den Säulengang hinausgingen ... Ja, der griechische Tempel fand sicher nur bei anspruchslosesten Touristen Anklang. ... es gab einen Bonbonautomaten in Gestalt einer brütenden Henne und eine automatische Waage ... Der schwerste Schlag aber war eine elektrische Klingel, die das Herz einer Buche durchbohrte.«

Den einmalig häßlichen Laternenpfahl in der Mitte eines runden Rasenflecks vor dem Portikus finde sie sehr störend, setzte Elizabeth in ihren Tagebuchnotizen noch eins drauf.

Auf den Spuren der Gräfin Arnim geht es von Putbus aus den Straßenschildern nach, die nur wenige Kilometer bis Lauterbach signalisieren. Wo die Schienen der Kleinbahn die Route queren, verweist ein mehr als hundertjähriges schmiedeeisernes Wegekreuz unter Bäumen auf das FRIEDR.-WIL.-BAD, das Badehaus in der Goor, Elizabeths erste Hotelunterkunft auf der Insel, nur einen Steinwurf entfernt vom Rügenschen Bodden. Bonbonhenne, Waage, die buchendurchbohrende elektrische Klingel? Was Elizabeth mißbilligte, ist gottlob verschwunden. Daß die Gräfin nicht grundsätzlich abgeneigt war, sich der allerorts angebotenen Gewichtskontrolle zu unterziehen, beweist eine Tagebucheintragung unter dem 24. August, während einer weiteren Recherchereise im Jahr 1901: »Binz – ... aßen in einer Konditorei, wogen uns mit folgenden Ergebnissen: Evi 33 Kilo, Liebet 35 Kilo, Trix 26 Kilo, ich 53 Kilo.« Ein Rondell vorm Badehaus ist noch zu sehen; es grünt ganz ohne gärtnerisches Zutun und gereicht wie einst – obwohl die häßliche Laterne fehlt – seiner Umgebung kaum zur Zierde. Auch nicht die zwanglos dort plazierte stämmige Venus, die, sich ihres letzten Kleidungsstücks entledigend, mit dem Hemd überm Kopf zu Stein erstarren mußte. Der blendende Eindruck des kalkweißen Gebäudes verliert sich beim Daraufzugehen. Im oberen Stockwerk bezog Elizabeth von Arnim einst Logis; aus einem dieser aufgereihten Fenster sah sie hinab in den Portikus auf lebhaft plaudernde Gäste – hier aß sie mit Oona zu Abend. Auf dem Uferstreifen zwischen dem griechentempelartigen Komplex und der See standen einmal hübsch gedeckte Frühstückstische im Schatten hoher Wipfel. Heutigen Besuchern bleibt das Haus verschlossen. Nur ein Wachmann zieht seine Runden. Da nähert sich eine Frau über die Stufen, tritt, ein Buch in der Hand, zwischen zwei der hohen dorischen Säulen, blättert, liest Seite um Seite, schaut suchend umher, endlich freudiges Nicken: hervorgerufen durch himmelblau-weiß bemalte Karrees unter der Decke. Der Titel ihrer Lektüre? *Elizabeth auf Rügen.* Mit dem Fahrrad folgt sie dem Reiseroman ein Stück weit über die Insel. Verwundert schaut der Wachmann ihr nach.

Für anspruchslose Touristen, wie wider besseres Wissen von Elizabeth behauptet, wurde das Friedrich-Wilhelm-Bad in der Goor wahrhaftig nicht errichtet. Ausschließlich Kaltbäder, am Strand aufgestellte Leinwandzelte zum Umkleiden für Herren und für das weibliche Geschlecht ins tiefere Wasser geschobene Badekarren mit Sichtblenden beiderseits der Stufen, das hatte der Putbuser Fürst ab 1818 niemandem mehr zumuten wollen. So war das Badehaus in Lauterbach entstanden, und zwei Jahre später legte sich sogar Preußens König Friedrich Wilhelm III. erstmals in eine der täglich mit frisch herangeschafftem und erwärmtem Seewasser gefüllten großen Badehauswannen aus Marmor. Dem Beispiel Seiner Durchlaucht folgten alsbald etliche Mitglieder des europäischen Hoch- und Geldadels. Standesgemäße Quartiere bot die Residenz in rasch wachsendem Maße. Dennoch war Eliza-

Lauterbach bleibt einer der bezauberndsten Häfen, die man sich vorstellen kann.

Einheit
LAUTERBACH

beths einfaches Zimmer im Badehaus in der Goor kostspieliger als komfortablere landeinwärts gelegene. Die Nähe zur See war selbstverständlich zu honorieren.

Zu vormittäglichen warmen oder kalten Bädern, zum zweiten Frühstück und zur im Anschluß daran erklingenden Morgenmusik im FRIEDRICH-WILHELM-BAD fuhren die im Städtchen untergebrachten Herrschaften entweder mit eigenen Equipagen oder im vom Fürsten gestellten vierspännigen Kremser, bei dessen Ankunft und Abfahrt Hornsignale ertönten. Zurück in Putbus, rief kurz vor 14 Uhr eine weithin hörbare Glocke alle Kurgäste zum Mittagessen an die Table d'hôte. Das einzunehmen, hielt die dinnergewohnte, in England aufgewachsene Elizabeth von Arnim zeitlebens für eine äußerst lästige und ungesunde Konvention. Nicht jedoch kalte Seebäder.

»Das Baden in Lauterbach ist himmlisch. Man wandert am Rande niedriger Felsen dicht am Wasser auf einem Fußpfad, den von der Hoteltür bis zu den Badehütten die Buchen beschatten. ... Zu Füßen Moos und Gras und süße wilde Blumen, auf die tanzende Lichter und Schatten der Buchen im Sonnenlicht fallen. ... Badehütten stehen in einer Reihe und weit vom Ufer entfernt im tiefen Wasser. Man wandert auf einer kleinen Bretterbrücke hinaus. ... Gertrud saß strickend auf den Treppenstufen, während ich zwischen den Quallen herumschwamm und an Marianne North und ihr Buch dachte. Wie genau hatte sie das Baden, die Farben und die kristallene Klarheit des Wassers hier in der sandigen kleinen Bucht beschrieben. ... Stundenlang hätte ich so, vollkommen glücklich, auf dem glitzernden Wasser dahintreiben mögen ... Die Folge davon war, daß eine unterkühlte ... Frau auf die Klippen kletterte.«

Marianne North und ihr Buch. Die 1892 erstmals veröffentlichte Autobiographie der Weltreisenden und Blumenmalerin, *Recollections of A Happy Life,* war Elizabeth an einem heißen Nachmittag in der Nassenheider Bibliothek in die Hände gefallen, sie hatte die Beschreibung der Insel Rügen regelrecht verschlungen. Könnte sie nicht ebenfalls – auf ihre ureigene Weise – schildern, was Marianne North bemerkenswert fand?

In den *Recollections* sind die einschlägigen Textstellen schnell gefunden: »Das Baden in Putbus war herrlich ... Die See war ruhig und kristallklar, kaum salzig; der Gezeitenunterschied betrug in Ufernähe nie mehr als ein bis zwei Fuß. Märchenhafte Quallen trieben vorüber, mit Sternen in den reinsten Far-

Stundenlang, vollkommen glücklich, auf dem glitzernden Wasser dahintreiben ...

ben geschmückt. Man konnte sie leicht mit der Hand fangen – doch sie vergingen auf dem Trockenen. Wunderbarer Seetang verlockte zum Sammeln, aber er schrumpfte zu einem Nichts, wenn man ihn erwischt hatte. Nie gab es einen vergnüglicheren Badeplatz.«[5]

Wie gestrige und heutige Bilder sich noch gleichen. In leichter Dünung schaukeln Enten auf dem Bodden. Steinstufen führen zum kleinen Badeplateau und von dort aus ins Wasser. Es ist bemoost, veralgt, wird wohl selten betreten. Wer will auch die Belastbarkeit des modrigen alten Holzstegs erproben? Das alles wird in absehbarer Zeit einer neuen Uferbefestigung weichen. Wie kalt oder warm ist die Ostsee? Ein kurzer Test läßt vermuten: selbst im Hochsommer werden 17°C selten überschritten. Wahrlich ein Kaltbad. Besser ein Spaziergang.

»[Dann] zog ich aus, die Goor zu erkunden, ein Buchenwaldstück, das sich von der Pforte des Hotels an der Küste langzieht. Frisch machte ich mich auf den Fußweg am Rande der Klippen ..., wo sich lila Skabiosen im Winde wiegen ... was für ein köstlicher Winkel, um den ganzen Tag mit einem Buch dort zu liegen ... in meiner Jackentasche steckte ›The Prelude‹ von Wordsworth ... das gleichzeitig so dünn und beruhigend ist. ... Ich habe es gelesen ... viele Sommer ...«

Viele Sommer und Winter, Dezennien, legten sich seither als Jahresringe um die Stämme der Gehölze. Im Wald der Goor wachsen mehrhundertjährige Bäume, uralte Buchen und Eichen, die Menschenleben überdauern. Elizabeth ging, den heutigen Spaziergängern gleich, in deren Schatten – meditierend, wie sie es nannte. »... Versenkt in solches Sinnen setzte ich / in einem Forst allein mich nieder und / hing weiter meinen Träumen nach; auf Hänge / und Höhn sank langsam Dunkelheit herab, / Und eine leichte Brise kräuselte den See, / der weithin seine Ufer dehnte ...«[6] – aus Elizabeths geliebtem *Prelude:* die passende Stelle.

»Ich hatte die Absicht, irgendwie hinüber auf die Insel Vilm zu gelangen. ... Nach zehn Minuten hat man Lauterbach erreicht, hat ein paar kleine neue Häuser gesehen, in denen Touristen wohnen, hat etliche entzückende alte Häuser von Fischern gesehen ... und fängt an zu überlegen, auf welche Weise man hinüberkommt ... ein Fischerboot ... Ja, dies ist die rechte Art, um nach Vilm zu gelangen. ... Ich fand allerdings heraus, daß es noch einen anderen Weg gibt, und dieser wird auch meist benutzt: Ein kleines Motorboot verkehrt zwischen Lauter-

bach und Vilm, riecht ganz scheußlich und macht großen Lärm. Dazu ist es ein langes schmales Boot, und selbst bei kleinen Wellen rollt es dermaßen, daß weibliche Passagiere, und manchmal auch männliche, aufschreien.«

Elizabeth war der Vilm wohlvertraut, durch Ausflüge und mehr noch durch einen Aufenthalt mit den Kindern. Fünf lange Tage hatten im Frühsommer 1901 fünf weibliche Arnims Sturm- und Regenböen standgehalten, dann packte die Mutter entnervt die Koffer.

Elizabeth von Arnim konnte sich für ihre Lustpartien zum Vilm noch zwischen einem gemieteten Segelboot und der zum Himmel stinkenden, regelmäßig pendelnden Petroleummotorbarkasse entscheiden. Sie benutzte nachweislich beides.

Jetzt bleibt aus gutem Grund keine Wahl. Bereits 1936 wurde die 94-Hektar-Insel als Naturschutzgebiet ausgewiesen, seit 1990 ist sie Schutzzone innerhalb des großen Biosphärenreservats Südost-Rügen. Nur nach Voranmeldung erhalten Touristen Gelegenheit, das Eiland zu betreten. Ein Motorschiff bringt ab Lauterbacher Hafen maximal dreißig Personen als feste Gruppe hinüber. Wer, ob nun ehedem oder in unseren Tagen, den Vilm erkunden will, muß sich also notgedrungen auf ein gerüttelt Maß an Gesellschaft einstellen.

»Einer der Förster von Fürst Putbus führt das Gasthaus … Während ich unter den Kastanienbäumen auf mein Essen wartete, kam eine Frau zu mir und unterhielt mich [und] sie erzählte, die meisten ihrer Gäste wären Maler, und sie könnte vierundzwanzig mit ihren Frauen aufnehmen. Sie fragte, warum ich denn so allein sei und nicht zu einer Gruppe gehöre nach Art der bürgerlichen Frauen. … Vom Essen will ich nur sagen, es war sehr reichlich.«

Nicht von ungefähr erwähnt Elizabeth jene bis zu zwei Dutzend im Gasthaus einquartierten Künstler, und nicht ohne leidvolle eigene Erfahrung kolportiert sie die Qualität der dort angebotenen Speisen. Nachdem Caspar David Friedrich die Rügen vorgelagerte Insel Vilm in seiner ›Landschaft mit Regenbogen‹ auf Leinwand gebannt hatte, hefteten sich Romantiker, Impressionisten und Naturalisten an seine Fersen. Insbesondere aber seit 1886 das Logierhaus errichtet worden war, strömten Landschaftsmaler, Pleinairisten, aus aller Herren Länder auf den Vilm. Das Herumschleppen von Staffeleien wurde nachgerade epidemisch. Am Mittagstisch des Logierhauses nahmen die

Die weite Ebene, das weite Meer, der weite Himmel strahlen ...

Reisegefährtinnen ihr nur mäßig begeisterndes Mahl ein, denn es wurden angeblich dort tagaus, tagein von Förster Fritz Witte erlegte schrotgespickte Karnickel aufgetischt, weswegen es 1895 zum regelrechten Aufstand einiger Kunstakademieprofessoren kam, die diese Szene an der Speisesaalwand dann bildlich festhielten.

»[Auf dem Vilm] gibt es rein gar nichts, was den Eiligen anlocken könnte; um so mehr für den verträumten Touristen. ... In drei viertel Stunden kann man sämtliche Aussichten sehen, die für schön gelten ... mit weiten Blicken auf See und Himmel, auf mächtige Buchen, dichte Farne, blumenerfüllte Wiesen ... mit weidenden Kühen und der See vor Augen. Jeden Augenblick könnten die Töchter des Lichts über den Butterblumen daherkommen ... Auf der Insel gibt es keinen richtigen Spazierweg ...«

Phantasiebegabte sehen in den Umrissen der Insel eine enorm langschwänzige Flunder. Kopfleib und Schwanzspitze heißen Großer und Kleiner Vilm, sie sind verbunden durch einen nehrungsartigen Sandwall. Des Vilms größter Schatz sind vollkommen naturbelassene Wälder. Im Totalreservat herrschen urwaldähnliche Zustände. Riesige Buchen, sturmgebeutelte Eichen – Überlebende eines historischen Hudewaldes – beschirmen kleinergewachsene Hainbuchen und artenreichen Jungwuchs. Über dreihundert Farn- und Blütenpflanzenarten sind auf dem Vilm heimisch, und ebenso vielfältig präsentiert sich die Tierwelt. Kulinarisches hält das Inselchen nicht mehr bereit. Dafür kommen die Vilmtouristen in den Genuß eines organisierten Rundgangs. Denn in der Person des »Stefanie«-Kapitäns verquicken sich wunderbarerweise Schiffs- und Naturführerqualitäten. Das umfangreiche Standardprogramm für den Großen Vilm – Ausbüchsen auf den Kleinen Vilm ist ebensowenig gestattet wie Absondern, Ausschwärmen und Zurückbleiben – wird stramm innerhalb festgelegter sechs viertel Stunden absolviert.

Was Elizabeth-Nachreisende im gemächlichen Alleingang hätten nachempfinden oder aufspüren wollen? Jahrhundertwende-Fluidum, vielleicht auch Ruinen des ehemaligen Sommersitzes einer Fürstin zu Putbus. Schutt eines vor sehr langer Zeit erbauten Kirchleins. Überreste vom Ackerwerk mit Viehhaltung und Meierei, wo man einst frische Milchprodukte für hungrige Tagesausflügler bereithielt, und das als abendlicher Sammelpunkt vor der Rückkehr nach Rügen diente. Alles sei spurenlose Vergangenheit, lautet die Auskunft.

Auch gebe es keine Fragmente vom Gasthaus des Försters Witte, bedauert gleichfalls Reinhard Piechocki, habilitierter Biologe sowie glänzend informierter Archivar und Vilm-Historiker. Das geräumige Logis mit angebautem Saal, Glasveranda und großem Gartenrestaurant stand bis ins Jahr 1960 gleich gegenüber der alten Dampferanlegestelle. Normalsterbliche gelangten zu dieser Zeit kaum mehr auf die Insel. Doch nicht im Interesse von Flora und Fauna. Im Naturschutzgebiet wuchs nun eine Ferienhaussiedlung im »Fischerkatenstil« für Regierungsmitglieder und höchste Funktionäre des Staates. Zur Wendezeit reichte das Spektrum vorstellbarer zukünftiger Verwendungsmöglichkeiten vom Naherholungszentrum mit Kaffeetisch und Würstchenbude bis zur Ansiedlung einer Internationalen Naturschutzakademie als Außenstelle des Bonner Bundesamtes für Naturschutz. Die nichtkommerzielle Nutzung erhielt erfreulicherweise den Zuschlag.

Die Gruppe stolpert unterdessen über schmale verschlungene Wege eiligst zur vorbestimmten nächsten schönen Aussicht.

»Wie reizend wäre es, diesen lieblichen Platz ganz für mich allein zu haben ...«, hatte Elizabeth manchem aus dem Herzen gesprochen. Und doch zitierte sie gerade zu einem populären *point de vue* erstmals eine der handlungsleitenden Figuren ihres Romans, Ambrose Harvey-Brown, ein Brite: *»... er stand auf einem Felsen ... und fotografierte ... Er sah gut aus, und ich habe eine Schwäche für gutaussehende junge Männer.«*

Und was ist über Elizabeths nicht nur im Rügenroman eingestandene *»Schwäche für gutaussehende junge Männer«* ähnlich Brosy bekannt? Solche vielversprechenden Cambridge- und Oxfordabsolventen waren ihr via Bruder Sidney und als Jugendfreunde in angenehmer Erinnerung geblieben. Erinnerungen, die sie bei regelmäßigen Englandbesuchen auffrischte. Ihr ganz besonders geeignet erscheinende Kandidaten holte die Gutsherrin als Tutoren der Arnim-Sprößlinge nach Nassenheide. E. M. Forster[7] – er wurde ein berühmter Romancier – war einer jener Hauslehrer, die sich sowohl durch die kapriziös-maliziöse Gräfin wie auch durch ihre aufmüpfigen Zöglinge unweigerlich aus dem Gleichgewicht bringen ließen. Über kurz oder lang mußten die Gentlemen ausgetauscht werden.

Die dunklen Wälder sind ein Wunder feierlicher Herrlichkeit ...

Vilmnitz, Groß Stresow, Göhren, Thiessow und Sellin

»Vilmnitz ist ein hübsches kleines Dorf; der Reiseführer lobt seine beiden Gasthäuser. Jedoch, der Reiseführer lobt alles, was er erwähnt. Es ist ein blumenreiches Dorf, mit malerischen, wohlhabend aussehenden Häusern, und hoch droben auf einem Hügel liegt die älteste Kirche der Insel … und ich wäre gerne hineingegangen, aber sie war verschlossen, der Pastor hatte den Schlüssel, und da es zu der Zeit war, da Pastoren zu schlafen pflegen, befahl ich mir, ihn in Ruhe zu lassen. So kutschierten wir durch Vilmnitz voller Stolz und Würde und verlangten von niemandem eine Gunst.«

Wie weltfern das Dorf wirkt. Große Bäume beschatten den kleinen Platz vor dem Pfarrhaus. Es ist ein Neubau, das alte Gebäude fiel 1981 einem Brand zum Opfer. Nur ein paar Schritte über die Straße, da steht die gotische Backsteinkirche auf einem Hügel. Hier soll Elizabeth an einem schönen Sommertag hocherhobenen Hauptes in ihrer Kutsche vorbeigerattert sein? Das sähe ihr nicht ähnlich, und man muß es auch nicht glauben. Nach ihrem Tagebuch ließ sie anhalten, mit sicherem Gespür stöberte sie die Küsterin auf – wohl in der hübschen alten reetgedeckten Kate neben dem Gotteshaus – und erhielt den Schlüssel. Dann hinauf zur Kirche.

Drinnen stehen Reisende auf Elizabeths Spuren staunend vor vier überaus prächtigen Epitaphien. Zwei Ehepaare sind dargestellt – die Männer in Ritterrüstungen, von römischen Kriegern umgeben, für die Damen, sie tragen die um 1600 gültige Hoftracht, fand man Tugenden passend: Mäßigkeit, Geduld, Klugheit … St. Maria Magdalena ist die Begräbniskirche derer zu Putbus, unter dem Fußboden befindet sich eine Gruft mit 27 Prunksärgen. Die Erklärungen der Katechetin werden unterbrochen von einem kleinen Jungen, der gekommen ist, sie abzuholen. Er muß noch etwas warten, lümmelt ein bißchen in den Kirchenbänken herum und betrachtet die buntbemalten Wappenreliefs an der Patronatsloge. Draußen, zwischen den Grabstelen, lohnt

»Der fremde Wand'rer … weilt doch gerne hier, wo die Schönheit Hüterin der Toten.«

ein Blick zurück auf das in seinen frühesten Teilen fast achthundert Jahre alte Bauwerk mit dem schlichten Langhaus, dem gedrungenen Turm unter einer Haube aus Zedernschindeln. Unweit der Kirche, wie es sich gehört, das Gasthaus, der VILMNITZER HOF. Ein friedvolles Bild – doch gab es auch hier großen Trubel während der Aufnahmen zur Fernsehserie ›Ein Bayer auf Rügen‹. So gewinnen in unseren Tagen Orte an Bedeutung.

»Von hier bis Stresow ist die Straße häßlich; mich stören häßliche Straßen nicht, wenn nur die Sonne scheint, und die häßlichen Straßen machen den Reisenden empfänglich für die Schönheit der hübschen. ... Ein Denkmal erinnert den Vorübergehenden an eine Schlacht hier zwischen den Preußen unter dem Alten Dessauer und den Schweden. ›Wir‹ siegten. Da ich eine gute Deutsche geworden bin, war es meine Pflicht, beim Anblick dieses Denkmals in patriotischem Stolz zu erglühen.«

Elizabeths Straße war weniger häßlich als einfach staubig. Wie ihr Journal, verzeichnen auch heutige Reisebeschreibungen den Sandweg zum Standbild von Friedrich Wilhelm I., genannt Soldatenkönig. Als späte vaterländische Reaktion auf das Anlanden seiner Streitmacht unter Fürst Leopold von Anhalt-Dessau in der Stresower Bucht war es aufgestellt worden. Damals, am 15. November 1715, besiegten die Truppen des »Alten Dessauers« mit Unterstützung der über den Landweg gekommenen Dänen die Schweden unter ihrem König Carl XII.

Nach dem III. hatte 1852, 1853 und 1854 auch der IV. Friedrich Wilhelm das Seebad Putbus besucht[8], 1855 schenkte er den Rüganern die »Preußensäule«.

Der Kreis von sieben Eichen, in dessen Zentrum sie stand, ist nun leer, die Steinquader, die den Sockel bildeten, sind verschoben – auf einem thront eine kleine weiße, schon arg mitgenommene Bank. Die Preußensäule ist dennoch präsent: auf einem großen Schild, das dem Wanderer mitteilt, das 15,5 Meter hohe Denkmal sei »1991 infolge starker Schäden« abgebaut worden, man wolle es konservieren und später in einem Museum ausstellen. Ab 1994 werde hier eine Kopie zu sehen sein. Das Schild sieht 1996 noch äußerst stabil aus, Verwitterungsschäden, wie am Denkmal, sind nicht zu erkennen. Es könnte wohl noch einige Zeit überdauern.

Interessierte erhalten Informationen am Kiosk in Groß Stresow. Der ist beileibe keine Immobilie, aber er steht noch am alten Platz. Frau Haase erteilt eine Lektion: Es geht um Geld. Hunderttausende sind veranschlagt für eine Kopie der Sandsteinfigur und die tragende Säule aus Granit, das Original ist so stark beschädigt, daß es nicht mehr aufgestellt werden kann. »Diese hohe Summe ist nur durch eine gute Zusammenarbeit der Behörden in Kommune, Kreis, Land und Bund, durch Sponsoren und viele gute Ideen aufzufangen«, steht in der Schrift des Vereins zur Erhaltung der Preußensäulen auf Rügen, die Frau Haase über die Theke geschoben hat.

Imbiß mit Blick auf die Bucht. Vor 280 Jahren, in den ersten noch dunklen, regnerischen Stunden des denkwürdigen Spätherbsttages waren ungezählte Schiffe über den Greifswalder Bodden gesegelt. Sie brachten Kanonen und Munition, Pferde und Fourrage. Und Soldaten: 24 000 landeten hier an und erstürmten unter Opfern die Höhe bei Stresow. Elizabeth wandte sich von hier aus nach Göhren.

»Beinahe eine Stunde lang zogen Gertrud und ich von einem Hotel zum anderen. Alle versprachen Zimmer, wenn ich in vier Wochen wiederkommen wolle. ... Schließlich fanden wir ein Zimmer. Es war im finstersten Hotel des Ortes. Und nur ein Zimmer, und das unterm Dach, in einer Art Turm, in welchem acht Betten standen, sonst nichts. August bekam überhaupt kein Zimmer, er mußte mit den Pferden im Stall schlafen.«

Elizabeths Tagebuch hatte den Weg gewiesen: »... waldig, hügelig, lupinig bis Sellin – die Selliner Küste reizend – idyllische Bauernkaten – Richtung Baabe – dann nach links zwischen Kiefern nach Göhren – schwierig, Zimmer zu finden – landeten in einem abscheulichen LOOKS HOTEL«.[9] In welchem? Es gab um die Jahrhundertwende mindestens drei LOOKS in Göhren. Viele alte, teilweise renovierte Häuser sind im heutigen Göhren zu entdecken, auch das »Looks«, vor dem man schließlich steht, strahlt in weißem Putz, schmückt sich mit Holzverzierungen und einer Kletterrose über dem Eingang. Drinnen scheint die Zeit stehengeblieben zu sein, so genau ist noch zu erkennen, wo die Wirtschaftsräume waren, die Pensionsgäste ihre Zimmer hatten. Eine Bewohnerin verwahrt alte Bilder: das Personal der VILLA LOOKS aufgereiht im Vorgarten, Frauen mit weißen Schürzen und Spitzenhäubchen, Männer mit prächtigen Schnurrbärten und Schirmmützen.

»Die weite Ebene, das weite Meer, der weite Himmel strahlten, selbst das Gras federte unter meinen Füßen ... Ich ging, um mich allein zu fühlen, ein Stück vor

dem Wagen her. … Die schwarzgesichtigen Schafe rannten wild im Kreise herum und rissen an ihren Stricken in erschreckter Aufregung. Wenn ich ihnen zu nahe kam, wurden selbst die Kühe unruhig. In der Wiese weit draußen hielten die Mäher inne und beobachteten uns, bis wir zu kleinen Punkten dahinschwanden. Durch mein Fernglas sah ich zu meiner Verwunderung, daß die männlichen Mäher lange, gebauschte weiße Dinger anhatten wie Frauen-Unterröcke, an jedem Bein einer.«

Die weite Ebene, die Elizabeth durchwanderte, liegt im südlichen Teil Mönchguts, dessen Grenze zur Hauptinsel sie schon zwischen Sellin und Baabe passiert hatte. »Dieses Mönchguter Land ist nun eine Halbinsel, die die äußerste Spitze gegen Südost bildet. Mit dem übrigen Inselland hängt es durch einen Isthmus zusammen, auf welchem der sogenannte Mönchsgraben, welcher zu der Zeit, als das Land ein mönchisches Besitztum ward, auf Befehl der eldenaischen Äbte als Scheidelinie zwischen geistlichem und profanem Boden aufgeworfen und sehr tief gewesen sein soll, noch heutigentags die Grenze macht.«[10] Johann Jacob Grümbke, Rügenkenner des frühen 19. Jahrhunderts, schildert, was noch immer gilt: Mönchgut ist eine kleine Welt für sich. Vielfältig wie ganz Rügen, umschließt es Moorgebiete, in denen sich seltene Pflanzen verbergen, und magere, ginsterbestandene Rasenflächen. Es hat Hügel, wie den Bakenberg mit erwähnenswerten 66,5 Metern Höhe, und ausgedehnte Sandstrände, auf die Göhren und Thiessow stolz sind. Auf Mönchgut war man Fischer, Lotse, Bauer – und trug Tracht, als Mann tatsächlich mit weiten weißen Überhosen aus Leinwand, wie sie Elizabeth durch ihr Fernglas erspähte – und wie sie im Mönchguter Heimatmuseum in Göhren zu sehen ist. In heutigen Tagen muß man nicht mehr im Schrittempo über die schnurgerade Straße nach Thiessow holpern, doch unverändert geht noch der Blick über Weiden, auf denen Schafe und Kühe grasen. Hoch wölbt sich der blaue Himmel über der Ebene, die Halbinsel hat die geringsten Niederschläge Rügens.

Thiessow kontrastiert zu dieser Idylle mit langweiligen Neubauten. »Kamen zum Strandhotel, sehr sauber und hübsch, ordentliche einfache Zimmer, passable Küche … Tee im Hotel mit Musikkapelle und vielen Menschen …«[11], so charakterisierte Elizabeth damals ihr Quartier, das erste und größte Haus am Platze. Ist es wiederzufinden? Der Dorfarchivar Hans-Joachim Bantow

Bild Seite 36/37: Geradezu in all das Leuchten hineingehen …

Könnte man seine Seele anfüllen mit der heiteren Klarheit eines Nachmittags …

Kleine Dörfer und das Meer in den sanften Farben einer Perle …

wälzt dickleibige Chroniken, entdeckt die Adresse. Doch der Anblick des Hauses enttäuscht. Zwar sind die Konturen des über hundert Jahre alten Gebäudes noch so, wie alte Fotos sie überliefern. Doch alles, was einst zierte, fein profilierte, ist abgeschlagen, geglättet, modernisiert. Eine Tafel vorm HAUS AM STRAND bestätigt den Eindruck: Pension und Gaststätte sind geschlossen.

»Wer sich entschließt, die gesamte Länge der Ebene zu durchfahren, die es von allen übrigen Orten trennt, muß auch wissen, daß er die gesamte Länge wieder zurückreisen muß … und Sellin kennenlernen wird, das am Wege zu den bisher nicht besuchten Dörfern nach Norden liegt.«

Am Weg zu einem dieser »Dörfer«, Binz, ließ Elizabeth um die Mittagszeit vor dem FÜRST WILHELM in Sellin halten. (Das Haus existiert nicht mehr, weiß die Rügenspezialistin Silke König.) Mit Oona nahm die Gräfin den Lunch auf der Hotelterrasse ein; sie kannte die gastronomischen Annehmlichkeiten des Seebades. Ausgedehnte Wanderungen von Binz aus mit Ziel Sellin – nach denen Elizabeth abends halbtot ins Bett fiel – sowie Bootsfahrten und Eisenbahnausflüge dorthin sind gleichfalls überliefert.[12]

Wozu kratzen und grübeln, warum nicht die Schönheit hinnehmen und dankbar sein?

Binz und die Wälder der Granitz

»Es war noch nicht ganz acht Uhr, und die Leute saßen noch beim Kaffee, so hatte ich den Weg unter den Buchen am Strand entlang für mich allein. Der Weg verläuft ein Weilchen dicht am Wasser entlang am Fuß des steilen, buchenbewachsenen Hügels, der Binz vor den Westwinden beschützt. Der Hügel ist so steil und so hoch, daß jemand, der ihn nach dem Essen besteigt, sicher außer Atem kommt. Auf der rechten Seite führt eine tiefe, schmale Schneise hinauf in die Wälder, die, so scheint es, ganz und gar aus dem samtigsten, grünsten Moos geschnitten ist, so völlig sind alle Seiten damit bedeckt. Als ich in dieser Schneise stand, im sanften Dunkel ihrer grünen Wände, unter den Zweigen der Buchen, die sich hoch über mir schlossen, glaubte ich, daß dies unbedingt das stillste Stückchen Erde sei, das ich jemals betreten habe. Es war wundervoll. Kein Geräusch kam von den Buchenblättern herab, obwohl sie sich regten, kein Ton vom Wasser, kein Wellenschlag, kein Plätschern, auch hörte ich keinen Vogel, als ich dort stand, noch das Summen eines Insekts. Es war wie der Eingang zu einem Heiligtum, so seltsam und feierlich war die Stille. … Das Moos entlang des Weges war von Tau durchtränkt. Das Laub der schlanken, jungen Buchen funkelte, und der Farn, der sich von beiden Seiten über den Pfad neigte, befeuchtete mein Kleid, als ich hindurchging. Hin und wieder wurde der Pfad schmaler, und die Bäume verdeckten den Himmel … Als ich droben heraustrat, befand ich mich auf einem Rasen im Sonnenschein, darauf standen Tische, und in der Mitte war ein Kellner mit einer Kaffeekanne in der Hand.«

Damals wie heute trifft man auf Rügen nach Seelen- und Körperkräfte beanspruchenden Naturerlebnissen gottlob meist jemanden, der bereit ist, Touristen mit einer belebenden Tasse Kaffee zu versorgen. Elizabeth allerdings hatte während ihres Aufenthalts mit Oona im Sommer 1901 Schwierigkeiten, Binzer Gastlichkeit zu beanspruchen. Bei ihrer Ankunft am Abend waren »… alle Hotels belegt und Wetter zunehmend grauer und stürmischer – fuh-

Ein bezaubernd schmuckes Haus …

Iduna

ren entnervt herum, fanden endlich den einzigen leeren Raum in Binz im FÜRST-BLÜCHER-HOTEL, … in einem einzelstehenden Turm – heulender Wind, ein unheimliches, gräßliches Sausen in den Mauern – wie 1000 aufgescheuchte Hornissen …« Mißmut spricht aus jeder Zeile ihrer Tagebucheintragung vom 20. Juli, verstärkt durch den Zusatz: »Mehr oder minder geneigt, das Leben nicht lebenswert zu finden.« Ehrliche Chronisten eigener Urlaubserfahrungen können dieses Gefühl durchaus wiedererkennen.

Auch das, was sich tagsüber abspielte vor dem ungeliebten nagelneuen 64-Zimmer-Hotel – ein Herr Mohnke hatte es erst 1899 am nördlichen Ende der Strandpromenade errichten lassen (jetzt nennt sich das Haus Nr. 45 SEEBLICK) – war mit einem aufgescheuchten Hornissenschwarm durchaus zu vergleichen. Auf dem sich über viertausend Meter erstreckenden feinsandigen Streifen zwischen Straße und Meer fand das Strandleben der pro Saison immerhin etwa zehntausend Binzgäste statt. Man lustwandelte, pflegte in Strandkörben der Lektüre – wie es ein zeitgenössischer Reiseführer formuliert, unter Hinweis auf die gutsortierten, auch englische Literatur führenden Buchhandlungen in Binz –, Familienväter hatten das Kommando beim Strandburgenbau, alles in korrektester Staffage: Herren trugen Anzug mit Weste und Panama, Damen lange Röcke, hochgeschlossene Blusen, Hüte. Auch fürs Wasser gab es eine Kleiderordnung, nach der zwischen Knie und Hals keine nackte Haut zu sehen sein durfte, trotz strikter Geschlechtertrennung und Sichtschutz für den Badebereich zwischen den viermal vierzig Zellen zum Umkleiden, die auf in den überspülten Sand gerammten Pfählen ruhten. Zwei junge Damen, die 1901 ihre Ferngläser Richtung planschender Herren hielten, wurden indigniert der Insel verwiesen.

Das Gesellschaftliche spielte eine große Rolle in jenen Zeiten, auch und gerade in den Ferien. Die »Fremden-Liste Rügenscher Bäder« wurde aufmerksam studiert. Im August 1897 ist die Ankunft der »Frau Gräfin Arnim, Nassenheide, 1 Person« verzeichnet, ein Jahr später »Gräfin Arnim m. Gesellschafterin, Nassenheide, 2 Pers.« und nochmals »Frau Gräf. Arnim mit Kindern u. Bonne, Schloß Nassenheide b. Boeck i. Pommern«. Kein schlechtes Renommee für das STRANDHOTEL, in dem Elizabeth jeweils abstieg. Es wurde im Januar 1995 abgerissen, jetzt befindet sich an seiner Stelle ein großer freier Platz rechts vom Haus Strandpromenade Nr. 6.

Die Kurpromenade von Binz ist beeindruckend …

Wenige Wochen später klingen die Journaleintragungen ganz anders: »Der schönste Strand, Bucht an Bucht, Landzunge an Landzunge, an der Südseite Reetgras um die Felsen herum, wilde Wasservögel, Klippen und Spalten, an den Rändern von Buchenwald überzogen. Geht man den Strandweg entlang von meiner kleinen Unterkunft mit dem roten Dach aus im Schatten der Birken, so kommt man durch eine Schlucht, über die der Pfad führt, die steilen Flanken sind mit Moos überzogen, der Schatten, den die Buchen auf dem Grat werfen, ist vollkommen, der lieblich getüpfelte Schatten eines Buchenwaldes, und nachdem man bisher das Geräusch der Wellen in den Ohren hatte, tritt man plötzlich in eine überraschende Totenstille.«[13] Stilübungen, die sich in Elizabeths Papieren finden und die einen Einblick in die Arbeitsweise der Autorin geben. Sie verlocken dazu, ihren Eindrücken nachzugehen.

Immer noch ist das HALALI das letzte Haus, jetzt ohne seinen klangvollen Namen, am südlichsten Punkt der Strandpromenade, die hier in einen Wanderpfad übergeht. Ein ovales Emailschild mit dem Namen Henschel befindet sich nach wie vor an der Tür. Die kleine Veranda mit den Säulen ist mittlerweile verglast, der Ziegelweg verschwunden, doch sonst scheinen fast hundert Jahre nahezu spurlos vorübergegangen zu sein. Wie zu Elizabeths Zeiten auch die zauberhafte Lage ihrer Binzer Lieblingspension: in den Wald geschmiegt, dem Strand zugewandt. Nur wenige Schritte mußte sie mit ihren vier Töchtern gehen, dann konnten die Kleinen abseits des großen Getümmels im flachen Wasser spielen, während Elizabeth las, schrieb oder einfach aufs Meer schaute. An kühleren Tagen marschierte der kleine Trupp den Kieköwerpfad entlang in die herrliche Granitz:

20.8.1901:

»Windig, aber strahlend. ... brach nach dem Frühstück mit Liebet und Trix nach Sellin auf. Gingen die Klippen entlang nach Kieköwer, dann zu den Ufern des Schwarzen Sees, wo ich mich setzte und beobachtete, wie der Wind in Böen übers Wasser ging und plötzlich die Blätter der Teichrosen aufplusterte – ein bezaubernder Effekt. Dann die allerschönste, duftende Waldstraße entlang nach Sellin.«[14]

Ist das Wetter nicht windig, aber strahlend? Also dem einstigen HALALI den Rücken zuwenden, die Promenade, die an dieser Stelle nur ein schmuckloses schmales Sträßchen ist, überqueren, eine kleine Böschung überwinden, den

Strand entlang gen Süden wandern. Rasch verengt sich der Sandstreifen, zierlich trippeln Möwen voraus, wo kaum Füße in festen Schuhen zwischen dicken Steinen Tritt fassen können, das Brausen der See und des Windes schluckt jedes andere Geräusch. Etwa einen halben Kilometer geht es so unterhalb der Klippen, dann ist die Schneise, die Elizabeth beschrieb, erreicht. Teufelsschlucht, den Namen nannte Reinhardt Jager, geduldiger Informant in Binzer Angelegenheiten. Eher ein Ort plötzlicher himmlischer Stille, hatte Elizabeth den Eindruck. Bald ist ein befestigter Weg erreicht, der in mäßigen Steigungen und Gefällen durch den herrlichen Buchenmischwald führt. Ginsterbüsche säumen ihn und hohe Farne, dazwischen Heidekraut, Heidelbeeren, feuchtgrüne Moospolster, duftige Gräser. Hin und wieder in der Ferne das hohe Pfeifen der Kleineisenbahn. Den Unterstand an den Kreuzeichen aufsuchen, der Markierung folgend abbiegen: Das Grab des Finnischen Kriegers liegt dann direkt am Weg. Elizabeth hat diesen Ort oft besucht, als sie mit ihren Töchtern die Granitz durchstreifte. Frische Buchenzweige legten sie damals dort nieder, auch jetzt ist die Stelle mit einem Strauß von wilden Blumen und Gräsern geschmückt. Obstbäume, die 1901 noch Zeugnis davon ablegten, daß hier das Forsthaus stand, in dem der für Schweden kämpfende Soldat seinen Verletzungen erlag, sind nicht mehr zu finden. Dafür strahlen das schmiedeeiserne Kreuz und die Inschriftplatte in frischem lackschwarzen Anstrich.

Auf dem Weg zurück nach Binz begegnen Müde mit etwas Glück dem schienenlosen Zubringerbähnchen zum Jagdschloß. Nach stundenlanger einsamer Wanderung keine schlechte Abwechslung, sich ins Touristengetümmel zu wagen und den sprichwörtlichen Höhepunkt der Granitz anzuschauen. Hart sind die Reize, die diese Fahrt beschert: hart und ungefedert spüren Insassen die Erschütterungen der holprigen Strecke, hart trifft der Ton des Lautsprechers das Ohr mit seinen Durchsagen. Und auch der Anblick der zum Kreisschulheim Lancken-Granitz umfunktionierten neogotischen Gaststätte, in deren Garten einst ein Kellner mit Kaffeekanne Elizabeth gegenübertrat, besänftigt keinesfalls auf das Ästhetische eingestimmte Gemüter.

Die unmittelbare Umgebung des Jagdschlosses ist bestenfalls funktionell zu nennen, überhaupt scheint der Effizienz beim Lenken des Besucherstroms durch das Objekt höchste Priorität zuzukommen. Streng blickt das Personal

Reiseführer widmen dem Jagdschloß Granitz mehrere Seiten. Ein Wahrzeichen.

an den Kassen, ebenso die Aufseher in den Räumen, die die wenigen Möbel und Bilder bewachen und darauf achten, daß die akribische Haus- und Turmordnung strikt eingehalten wird. Sie ist, wie die schriftlichen Erläuterungen in den Räumen, in deutscher und englischer Sprache abgefaßt.

Zunächst ist bei Bedarf an der Kasse der eingeforderte Obolus für die Fotoerlaubnis zu entrichten. Diszipliniert bewegen sich Besucher über Auslegeware, die heute wohl Pantoffeln früherer Zeiten ersetzt. Dann sucht man nach den in Elizabeths Roman erwähnten Kolbe- und Eybelfresken, der Thorwaldsenfigur und der von Rauch leider vergebens, steht in respektvollem Abstand vor dem »dreietagigen« Kamin im Marmorsaal, gefertigt immerhin von Thorwaldsen-Meisterschülern, und schaudernd vor den gläsernen Särgen, respektive Vitrinen, in denen Aberhunderte von ausgestopften Tierleichen ruhen, Jagdtrophäen genannt. Wer sich durch die Beachtung der neun Zusatz-Sicherheitsregeln für die Turmbesteigung nicht überfordert fühlt, bemüht sich hinauf, andere bleiben, wo sie sind, und betrachten die wunderschöne, wie schwarze Spitze wirkende gußeiserne Wendeltreppe von unten – und werden vielleicht Zeugen, daß einige Herren von oben herunterschauen und sich dabei verbotenerweise weit über das Geländer lehnen, kühne Damen beim Auf- und Niedersteigen nicht die Handläufe benutzen und Gegenstände in ihren Händen statt, wie ebenfalls vorgeschrieben, an ihren Körpern tragen. Wie rief doch der Aufseher in Elizabeths Roman? *»Das Publikum wird ersucht, die Kunstgegenstände nicht zu berühren«,* und meinte damit einen der beiden Molosserhunde, die tatsächlich früher den Eingang des Schlosses flankierten und 1945 »kriegsbedingt verlagert« wurden, wie auch die vermißten Bilder, Fresken, Skulpturen.

Bei der so zurechtgewiesenen Dame handelt es sich um Mrs. Harvey-Browne, die dünkelhafte Gattin eines anglikanischen Bischofs, Mutter des jungen Herrn Ambrose – Brosy! –, der, ziemlich intelligent, richtig gebildet, mit vorzüglichen Manieren, unverkrampfter Eleganz und klassischen Beinen ausgestattet, in Elizabeths Roman, ihren eigenen Präferenzen entsprechend, unvergleichlich gut wegkommt. Viel besser jedenfalls als die verkniffene Feministin Charlotte Nieberlein, deren egozentrischer Gatte oder auch der arme, ehrenhaft gescheiterte namenlose Lehrer, der der fiktiven Elizabeth vom Aufseher

»Wünschen Sie den Turm zu besteigen?« – »Gott du Allmächtiger, nein.«

des Jagdschlosses als Ehemann zugeordnet wird. Denn unausgesetztes Schwelgen in Naturschönheiten gelang der Autorin Elizabeth immer weniger, je weiter sie sich während des Schreibens von den unbeschwerten Rügener Tagen im Sommer 1901 entfernte. Überdies: Hatten ihr einige Kritiker nicht vorgeworfen, ihre ersten beiden Bücher seien zu harmlos, zu idyllisch? Oona hat ihr da sicher weiterhelfen können: mit aktuellen Kenntnissen der Oxforder Szene, z.B. des erst 1893 gegründeten, noch immer reinen Frauencolleges St. Hilda's, das wohl auch Spezies wie Charlotte hervorzubringen vermochte. Auch die Harvey-Brownes könnten die Freundinnen gemeinsam kreiert haben, während Professor Nieberlein sozusagen auf rein deutschem akademischem Mist gewachsen ist. Diesen englisch/deutschen Verband schickt Elizabeth los, läßt ihn ohne Ziel und dennoch eifrig über die Insel schwärmen. Das bringt Leben in die Geschichte und der Schriftstellerin die Chance, zumindest verbal zu rebellieren.

Rügen ist bildschön: weiße Klippen, blauer Himmel, grüne See: ein Dreiklang, der nie an Faszination verliert. Immer wieder fallen dem Rügen-Interessierten historische Abbildungen auf, sehr viele aus Elizabeths Tagen, der Glanzzeit der Bäderarchitektur. Einige traditionsbewußte Fotografen haben solche Aufnahmen zusammengetragen, es lohnt sich, danach zu fragen. An einem Regentag vielleicht? In der Inselhauptstadt? Keine schlechte Idee. Nun gibt es in Bergen Kopfsteinpflaster, das diesen Namen verdient. Man rutscht drüber hin und ist froh, einen Schirm zum Ausbalancieren zu haben.

Was in einschlägigen Läden zu sehen ist, sind Postkarten, geprägt vom Zeitgeist der Jahrhundertwende:

- das alte Schloß in Putbus von der Rückseite aus gesehen mit See und Barockgarten
- der »Gruß von der Insel Vilm«: ein malerischer Küstenabschnitt
- das Familienbad in Sellin: eine Strandszene mit Liegestühlen, Strandkörben, Sandburgen
- die Stubbenkammer: Dampfer und Segelschiff vor Kreidefelsen
- die Landungsbrücke von Göhren, eine hochmodisch gekleidete Dame mit im Bild
- die Waldhalle bei Sassnitz mit unzähligen Fahrrädern im Vordergrund

– die Strandpromenade von Binz, deutlich erkennbar die alten, teilweise noch heute existierenden Häuser Villa Freia, Villa Agnes, Villa Glückspilz, Villa Seestern, Villa Salve, natürlich auch das Strandhotel, das Fürst-Blücher, das Halali. Auch die Seebrücke ist zu erkennen und die eleganten Bogenlampen. (Die Brücke ist 600 Meter lang und mit einem Restaurant am Brückenkopf und einem Bazar am Brückeneingang ausgestattet, die Lampen sind elektrifiziert, was man alles nicht sieht, aber ein zeitgenössischer Reiseführer verrät ebenso, daß der ganze Ort an die Kanalisation angeschlossen ist!) Das Foto ist etwa ein Jahr nach Elizabeths und Oonas Binzaufenthalt aufgenommen.

Doch auch die jüngere Vergangenheit wird wach in Bergen. In der Marienkirche wurden 1989 Friedensandachten gehalten, Zeichen des Widerstands gegen das SED-Regime.

Nach dem Regenintermezzo lockt wieder die Granitz, genauer: der von Elizabeth oft besuchte Schwarze See.

Dorthin führt der bekannte Weg vom Halali aus am Strand entlang, jedoch nicht durch die Schlucht hinauf zum Waldweg, sondern dem Hochufer folgend. Eine besonders im Frühjahr und Herbst zauberhafte botanische Exkursion – mal bedeckt den Boden ein Teppich aus Leberblümchen und Maiglöckchen, mal dominiert leuchtendes Glockenblumenblau, dazwischen ungezählte letztjährige braungoldene Bucheckernschalen, die, geöffnet, an winzige Seesterne erinnern. Der Wind zaubert Schaumkronen aufs Wasser, immer wieder sind vom »Kieköwer« Blicke über die Bucht zu genießen, bis nach Stubbenkammer reicht die Sicht. In einer geschützten Senke Richtung Granitzer Ort fallen Winterschachtelhalm zwischen Sauerklee, Veilchen und Efeu auf. Über allem dampft Feuchtigkeit, die Sonnenstrahlen fallen schräg zwischen hohe schlanke Buchen, oft treffen sie auf in deren Rinde eingeschnitzte Herzen mit Initialen, Ausdruck für den Wunsch, unbeschwert glückliche Stunden verewigt zu wissen. Nach dem Regen kreuzen ungezählte schwarze Nacktschnecken den Weg, erinnern an Elizabeths Bemerkung, daß Schnecken wohl nicht wirklich glücklich sein könnten. Diese hier hätten genügend Gründe dazu: eine paradiesische Umgebung und massenhaft potentielle PartnerInnen. Bald wird der Boden trockener, heftiger geht der Wind drüber hin, das Gras ist nur noch ganz kurz, bald wird es fast ganz ersetzt

Postkarten: geprägt vom Geist der Jahrhundertwende.

Sellin a. R. Landungsbrücke.
17278

Rügen. Schloss Putbus,

Bäderarchitektur auf Rügen: Viele Häuser werden gerade sorgfältig renoviert.

durch große Heidekrautflächen. Nun wendet sich der Pfad weg von der Küste zum Schwarzen See. In einer Mulde des Waldes liegt er, von Röhricht und Binsen umgeben, von hohen Bäumen umstanden.

Tatsächlich schwimmen Teichrosenblätter auf dem Wasser, wer sie näher betrachten möchte, wird durch den federnden Torfgrund zurückgehalten. Und wer wollte auch die reizende Wollgras-Rosmarinheide-Moosbeeren-Gesellschaft darauf mit Füßen treten? Wirklich, ein ganz besonderer Ort, vor allem, wenn man ihn für sich allein haben kann. Daß das nicht selbstverständlich ist, wird angesichts der hölzernen Absperrungen klar. Doch nicht nur in unseren Tagen, auch um die Jahrhundertwende war der Schwarze See ein beliebtes Ausflugsziel im touristischen Gesamtpaket Granitz, das auch – natürlich – eine »Waldhalle« genannte Ausgabestelle für Speisen und Getränke enthielt. Der Pavillon ist in einer stürmischen Nacht mit einem Stück der Steilküste in die Ostsee abgestürzt.

Elizabeth erzählt gern von ihrer Fähigkeit, nichts zu tun und dabei glücklich zu sein.

Nach Sassnitz[15] und in der Stubnitz

»Wir verließen Binz … um zehn Uhr in Richtung Saßnitz und Stubbenkammer. Der Weg, den ich hatte nehmen wollen, führt geradewegs von Binz an der schmalen Landzunge entlang, die auf der Landkarte als Schmale Heide bezeichnet ist und die Ostsee vom Jasmunder Bodden trennt. … Als ich außerhalb des Dorfes eine große ruhige Wasserfläche links zwischen Kiefernstämmen schimmern sah, stieg ich aus, um hinzugehen, und August, stets beunruhigt, wenn ich ausstieg, fuhr mir nach; so verloren wir den Weg. … Das Rauschen des Meeres auf der anderen Seite des Kieferngürtels klang unwirklich wie Traumwogen. Während ich am Ufer [des Jasmunder Boddens] stand, hatte August sich eine Abkürzung ausgedacht. Das Ergebnis war, daß wir uns vollends verirrten, doch was machte das, solange es uns gefiel. … Bei Lubkow gelangten wir auf die Landstraße nach Bergen. Dort bogen wir rechts ab … Kurz nachdem wir eine Försterei im Wald hinter uns gelassen hatten, erreichten wir wieder die Schmale Heide.«

Wo genau, das ist – diese Schilderung und die Landkarte vergleichend – die Frage, war die Gräfin ausgestiegen? Wo konnte sie, noch den Ostseewellenschlag im Ohr, über die Wasserfläche des Kleinen Jasmunder Boddens schauen? Die Antwort: nirgends. *»Das Rauschen des Meeres … klang unwirklich wie Traumwogen!«* Zu groß ist die Distanz zwischen Binnenseeufer und Küste. Und wie verhielt es sich mit der dem armen Kutscher in die Schuhe geschobenen Irrfahrt? Wie mit dem staubigen Weg zum winzigen Lubkow vorbei am reizenden kastellartigen – mittlerweile verlassenen – Forsthaus Prora, wo die Försterin vom Ausschankrecht Gebrauch machte, und zurück zur Schmalen Heide? Der Schlenker war laut Tagebuch durchaus geplant. Gräfin Arnims Kutsche startete tatsächlich um Punkt zehn am 22. Juli 1901, dem heißen siebten Tag ihrer Rundfahrt. Freundin Oona nahm vor dem Frühstück ein erfrischendes Bad, Elizabeth holte unterdessen von der Post in Binz einen, wie sie im Journal kühl anmerkt, vorwurfsvollen Brief von Henning ab.

Niemand kann das entzückende Glitzern und Blitzen und die Farbe des Meeres beschreiben …

Heiß duftendes Gras, himmlisches Zusammentreffen von Farben …

»Dann fuhren wir auf einer Straße zwischen jungen Kiefern dahin, den blauesten Himmel über uns. Zu unserer Rechten, in gleicher Höhe mit der Straße lag die violette See. Zum ersten Male sah ich die Ostsee wirklich violett. An anderen Tagen hatte sie ein tiefes Blau oder leuchtendes Grün gehabt, hier jedoch war sie wundervoll violettfarben.«

Vor der Kulisse des Fähr- und Frachtschiffhafens von Sassnitz/Neu Mukran setzt sich das Schauspiel effektvoll in Szene. Bläuliche und ohne Zweifel violette Flecken schimmern auf der Ostsee, grünliche und chamoisfarbene Bänder scheinen vor der Küste zu schwimmen. Sonnenlicht und Himmelsblau von oben – nahe der hier glatten, dort leicht gekräuselten Wasseroberfläche treibende Schleier aus Schwebstoffen oder kompakte Sandbänke von unten: Natürlich ist zu erklären, woraus das Farbenspiel gemischt wurde, das so bezaubert.

»Saßnitz ist der bekannteste Badeort der Insel … Dort stellten wir fest, daß der Ort im flachen Land scheinbar nur aus Kreide und weißen Häusern besteht, während der Wald hübsch im Hintergrund liegt. Einmütig beschlossen wir, dort nicht zu bleiben. … Wir gingen die kleine Straße hinunter zur See, die regelrecht eingefaßt war von Buden mit Schmuckstücken aus Bernstein, Trödel und Fotografien … Unten am Strand fanden wir eine Konditorei direkt über dem Wasser, mit Sonnenblenden und offenen Fenstern … Das Meer plätscherte an den kiesigen Strand draußen vor uns, und wir aßen eine Menge Kuchen und Sardinen und Vanilleeis, und danach wurde uns schlecht.«

Dazu diese Ergänzung: Man schrieb den 10. Juni 1897. Der von Stettin kommende Dampfer erreichte Sassnitz um ein Uhr nachts (mit ziemlicher Verspätung, die sich mit heftigem Seegang erklären läßt, denn bei Windstärke 5 und mehr mußten große Schiffe weit draußen abwettern oder umkehren). Ein gutes Stück vor der Küste rasselten Ankerketten über die Bordkante. Von der Landseite her waren näherkommende Ruderschläge zu hören. Gespannt standen Passagiere an der Reling und starrten erwartungsvoll ins Dunkel. Die Mutprobe des Umsteigens in kleine Boote stand ihnen unmittelbar bevor. Die im Wellentakt sich auf und nieder bewegende Strickleiter mußte bezwungen werden, wie auch immer, von Elizabeth und ihren Gästen John Crace, Leila Staveley, deren Bruder und Tantchen aus Berlin als Auftakt einer Rügen-Stipvisite. Alle landeten heil in Sassnitz und läuteten dort das Hotel-

Ein großer Dampfer mit zwei Schornsteinen – er sah aus wie ein Spielzeug …

personal aus dem Schlaf. Die Herrschaften blieben ein paar Tage. Zwei Monate vergingen, da raffte die Gräfin, gefolgt von Freundin Minora und Miss Summerhayes (deren Schule die junge Elizabeth in England besucht hatte), erneut ihren langen Rock, um sich vor Sassnitz ins Abenteuer des Ausbootens zu stürzen.[16]

»Denn nach Rügen reisen, heißt nach Saßnitz reisen«, hatte wenige Jahre zuvor kein Geringerer als Theodor Fontane postuliert und Effi Briest entzückt ausrufen lassen: »… das ist ja Capri, das ist ja Sorrent.« An mediterrane Gefilde erinnerten einstmals auch das Hotel und ein Platz namens Miramare. Fontanes Roman ›Effi Briest‹ war Ende 1894 als Vorabdruck in einer Zeitschrift erschienen.[17] Und Gräfin Arnim stand mit den Werken des vielgelesenen Schriftstellers nachweislich auf vertrautem Fuß. Gegen Ende des 19. Jahrhunderts hatte Sassnitz' Stern bereits zu sinken begonnen – und gleichzeitig der des in einem Atemzug zu nennenden benachbarten Dorfes Crampas[18], in dem es blaubemalte Leiterwagen zu mieten gab, in denen der Fahrende auf eine, wie es hieß, seine Verdauung sehr befördernde Weise durchgerüttelt wurde.

Auch Elizabeth verlegte ihr Standquartier auf Rügen ins aufsteigende Modebad Binz. 1902 wurde dort übrigens eine weit ins tiefere Wasser vorgeschobene Seebrücke eingeweiht, die ängstlichen Gemütern einen bequemen Landgang garantierte.

Von Sassnitz ist zunächst nur die nichtssagende Durchgangsstraßenfront sichtbar mit den typischen gründerzeitlichen Bädervillen. Rund um den Hafen herrscht reger Betrieb: kleine Geschäfte, neue Restaurants in neuen Gebäuden, allerlei Schnickschnack wird offeriert, unübersehbar die Ständer, in denen Bildpostkarten stecken. Hübsch aufgefrischt die Promenade, über die Elizabeth und Oona bis zur Strandkonditorei gingen, um sich mit Kuchen, Sardinen und Vanilleeis vollzustopfen … Selbst große Elizabeth-Verehrerinnen werden wohl kaum versuchen, ihr das gleichzutun – sie könnten es auch gar nicht, denn die Strandkonditorei ist nicht mehr aufzufinden. Die gewissenhafte Nachfrage im Rathaus bleibt ohne eindeutiges Ergebnis.

»Der Weg am Strand von Saßnitz nach Stubbenkammer allein ist eine Reise nach Rügen wert. Ich glaube, es gibt wenige Wege auf der Welt, die von Anfang

Bild Seite 62/63: Die weißen Klippen hoben sich rein und scharf vom Meer ab …

Die Wege am Strand allein sind eine Reise nach Rügen wert …

bis Ende so vollkommen schön sind … der Fußweg führt dicht an den Felsen entlang und schenkt eine Reihe der erlesensten Überraschungen. Doch nur ausgeruhte und schlanke Leute sollten sich darauf einlassen, denn die Sache kann nicht unter drei Stunden geschafft werden. … Wir verweilten an jeder schönen Stelle … außer Reichweite der Touristen, denn diese waren alle auf halbem Wege bei der Waldhalle hängengeblieben …«

Eine drei- oder vierstündige Wanderung war für die leidenschaftliche Fußgängerin Elizabeth kein Problem. Auch Oona hätte sich durchaus der Strapaze unterzogen. Im allgemeinen aber galt zu viel Bewegung als in höchstem Maße schädlich. Deutliche Winke »in bezug auf wohltuendes Verhalten an der See« gab 1903 ein Rügen-Fremdenführer: Lange Spaziergänge führten nur zur Erschlaffung, wohingegen mäßige Bewegung im Freien, langsame kurze Promenaden oder sich die meiste Zeit in sitzender oder liegender Stellung, die Blicke auf die unendliche Wasserfläche gerichtet, dem süßen Nichtstun hinzugeben sich als durchaus ratsam erweisen würden.

Eine kurze Strecke promenieren, in sitzender Stellung aufs Meer blickend süßes Nichtstun genießen? Wenn spektakuläre Ausblicke, Riesenschachtelhalme, uralte Eiben, seltene Orchideen locken. Undenkbar.

Nichts sollte davon abhalten, sich auf den Berg-und-Tal-Küsten-Weg durch artenreichen Buchenmischwald der Stubnitz zu machen mit dem erholsamen Zwischenziel Wissower Klinken – die meistgemalte, meistfotografierte Rügenansicht. Nahe den Klinken: wieder eine »Waldhalle«. Die gastliche Stätte hat sich in den vergangenen hundert Jahren wenig verändert und absolut nichts von ihrer großen Anziehungskraft verloren. Was sich hingegen ständig verändert, ist die Uferlinie: »Die direkt am Rand [des Hochuferwegs] wachsenden Bäume, deren Wurzelwerk zum Teil ins Leere greift, lassen erahnen, zu welch gewaltigen Abbrüchen es zuweilen kommt. Im Frühjahr 1981 etwa stürzten an die 100 000 Kubikmeter Kreide in die Ostsee; die Felsen werden ständig durch Wind, Regen, Brandung, aber vor allem durch Frost abgetragen.«[19]

Stubbenkammer mit Königsstuhl Herthasee und Herthaburg

»Wir gelangten gegen sechs Uhr in tiefster Harmonie nach Stubbenkammer, angenehm müde ..., so daß wir uns freuten, angelangt zu sein. Auf dem freien Platz vor dem Restaurant – denn natürlich gab es eines auf der höchsten Stelle des Weges – standen Tische unter den Bäumen, an denen Menschen aßen und tranken. ... Es gab da hübsche Tassen aus dünnem Porzellan ... fröhliche Touristen ... kamen in heiteren Schüben ... und sangen großartige Lieder ... vom Rhein.«

Stubbenkammer ist auch auf andere Weise näherzukommen. Die Pendelbusfahrt vom Umsteigeparkplatz Hagen bis zur Endstation Stubbenkammer verschönt unvermeidliches Herz-und-Schmerz-Liedgut aus Lautsprechern. Rasch teilt sich das bunte Gemisch erwartungsfroh blickender Touristen in vier erkennbare Ströme: auf die Aussichtsplattform drängt es Naturerlebnishungrige – Wissensdurstige streben vorerst zu Informationstafeln der Naturparkverwaltung – schlicht und einfach Hungrige und Durstige aber erobern die einladend aufgestellten Tische vor der Gaststätte auf der Waldlichtung – den Rest zieht es zur Souvenirbudenreihe. Und schon bringt ein neuer vollbesetzter Bus Nachschub ...

»... Auf der Rückseite des Restaurants ist ein offener Platz ... Mitten auf diesem Platz stand ein großes, kahles gelbes Haus, das einzige Hotel in Stubbenkammer ...«

»›Ich glaube, die gnädige Frau wird nicht gern hier schlafen wollen‹, flüsterte Gertrud ...,›das Hotel ist besetzt, und nur ein kleines Schlafzimmer in einem Pavillon, abseits unter Bäumen, kann der gnädigen Frau zur Verfügung gestellt werden.‹«

Zum Vergleich Elizabeths Tagebuchinformationen: »Fuhren um 4 nach Lohme, herrliche Fahrt durch Wald – überall belegt – mußten zurück nach Stubbenkammer ... erfuhren von einem schrecklichen Zimmer in einem Pavillon, wurden aber endlich zu etwas Anständigem im Obergeschoß gebracht ... schrecklich müde – schlief wunderbar – Touristen sehr früh auf den Beinen ...«[20]

Es gibt wenige Orte, die von Anfang bis Ende so vollkommen schön sind.

Mit der Mehrzahl ihrer Zeitgenossen, insbesondere mit denen der schreibenden Zunft, teilte Elizabeth von Arnim eine ausgesprochene Vorliebe für ländliche Idyllen. Auch sie begab sich bei wortreichen spätromantisch-innigen Naturschilderungen bisweilen auf den schmalen Grad zwischen Erhebendem und Trivalem – wobei sie ihr recht ausgeprägter Sinn fürs Pragmatische und ihre Neigung zur Ironie stets vor dem Abgleiten in die Niederungen allzu süßlicher Klischees bewahrten. Das von ihr nun angesteuerte Ziel, das geografische Charakterbild der aus der Ostsee aufsteigenden buchenlaubgekrönten weißen Kreideklippen Rügens, war im 19. Jahrhundert gar *der* Inbegriff touristischer Sehnsüchte. Stadt- und Zivilisationsflüchtige aus ganz Europa machten sich auf die Suche nach dem Erhabenen, Großen, Weihevollen in der reichen, kräftigen, wilden Natur[21] – je grandioser der Prospekt, desto prädestinierter für feierlich-ästhetische Andacht: »Für das Unterkommen der Reisenden, deren jährlich dort 2- bis 3000 einzusprechen pflegen, ist auf Stubbenkammer in der Nähe des Königsstuhls, statt des am 4. August 1848 abgebrannten SCHWEIZERHAUSES, ein neues, solideres und viel geräumigeres Gasthaus in ähnlichem Style erbauet worden. Die meisten Reisenden, welche dort übernachten, lassen sich sehr zeitig wecken, um den Sonnenaufgang zu erleben … halb schlaftrunken eilt man hinaus, steht fröstelnd in der kalten Morgenluft da, sieht sich unter zehn Malen etwa neun Mal in seinen Erwartungen getäuscht …«[22] War die Seele gelabt, kam der Leib an die Reihe. Für zahlreiche und sehr ungleich zusammengesetzte Gesellschaften standen Tische und Stühle bereit. Dazu nochmals Johann Jacob Grümbke, der Rügenliebhaber, der über dieses Treiben bereits 1805 mit gemischten Gefühlen sein Urteil gefällt hatte: »… ich … fühle so gut wie ein jeder den erquickenden Genuß von Speise und Trank nach einer ermüdenden körperlichen Anstrengung. Allein ihn hier [in der Stubbenkammer] zum großen allgemeinen Ressort machen zu wollen, das entweiht diesen Ort, welcher geeignet ist, einem andern Gott zu huldigen als dem Bauch.«[23]

Es gibt eine historische Ansichtskarte vom großen allgemeinen *resort;* sie gewährt Einblick in das Hotelgartenlokal vor etwa hundert Jahren: Im Schatten des Blätterwerks hoher Bäume sitzen zwei recht hübsche, recht junge Damen, die der Mode entsprechende knöchellange Matrosenkleider ausführen und die auf den ondulierten Haaren thronenden dazu passenden Mütz-

Der Fußweg führt dicht an den Felsen entlang und schenkt erlesenste Überraschungen.

chen. An unter einem Laubenvorbau plazierten weiteren Tischen hantieren eifrige Helfer; sechs befrackte durchwegs schnauzbärtige und pomadisierte Herren Ober posieren sichtlich stolz in einer Reihe für den Fotografen. Im Hintergrund ist ein Schild mit der Aufschrift HOTEL PENSION STUBBENKAMMER zu erkennen. Das also war Elizabeths Hundert-Betten-Domizil mit fließend kaltem Wasser und Badewannen-Warmbad im Haus. Sie und Freundin Oona blieben 1901 vom 22. bis zum 25. Juli. Der späte Abend des zweiten Tages in Stubbenkammer bescherte den Damen noch ein exquisites Highlight, das gegen entsprechendes Entgelt und sogar von eigens eingesetzten Dampfern aus besichtigt werden konnte: Auf Betreiben des Hotelpächters Hermann Müller wurden oben auf dem Königsstuhl nach Einbruch der Dunkelheit riesige Reisighaufen entzündet und deren funkensprühende Glut schubweise über den Rand der Steilküste ins Wasser hinabgestoßen. Gräfin Arnim zeigte sich nicht gerade begeistert vom schlafraubenden Spektakel.[24]

Hier und heute nach Elizabeths Unterkunft oder etwas Pavillonartigem Ausschau zu halten, macht ratlos – es sei denn, man hat Glück und trifft per Zufall auf den ehemaligen Kapitän und jetzigen Naturschutzwart Baier, der weiterhelfen kann.

Links vorm Königsstuhl gibt es ein eingezäuntes bebautes Grundstück. Was mit Abstand hinter Zaun und Strauchwerk zu entdecken ist, erinnert nicht im entferntesten an Elizabeths Quartier. Und doch steht da ein *»großes, kahles gelbes Haus«* an der Stelle des im letzten Krieg zerstörten Hotels: das künftige Nationalparkhaus. Viele hübsche Rosensträucher sind überliefert, auch die Araukarie in deren Mitte: ein *monkey tree,* der Elizabeth laut Tagebuch, wie gewöhnlich, störte. Sie sind verschwunden. Von besonders edlem Hotelporzellan spricht Herr Baier, das zusammen mit weiterem wertvollen Inventar im nahen Wald vergraben worden sein soll. Und noch immer gebe es Leute, meint er, die nach besagter Stelle suchen.

Besser, sich Rügens wahren Schönheiten zuwenden.

»Die weißen Klippen hoben sich rein und scharf vom Meer ab, die tiefen Schluchten waren mit vielerlei Grün bewachsen – mit niedrigen Bäumen, Farnkräutern und wilden Blumen. Tief drunten ankerte ein Dampfer … Wiederum wanderte ich unter den Bäumen zu den Felsen. Der höchste dieser Felsen, der Königsstuhl, springt weit vor ins Meer und bildet ein flaches Plateau, auf dem ein

Bild Seite 70/71: Man muß zahllose Stufen in tiefe Schluchten hinab- und wieder hinaufsteigen.

paar Bäume in kleinen Gruppen stehen und den Winterstürmen ausgesetzt sind. Lange saß ich auf den Wurzeln eines Baums und lauschte dem Wellenschlag weit drunten am kiesigen Strand. … Ich beobachtete, wie das Rot des Sonnenuntergangs am Himmel und auf dem Meer erlosch. … O himmlische Freiheit und Ruhe, wieder allein zu sein … Das Wasser im Schatten der Felsen war eiskalt … Tropfend rannte ich wieder hinauf, Rock und Jacke über dem nassen Badeanzug … Nach einer weiteren Viertelstunde war ich trocken und angezogen, zum zweiten Mal auf dem Wege, die Wälder auszukundschaften.«

Sommerfrischler und Badegäste – hauptsächlich Fotografen und Lehrer im Staatsdienst mit sehr spärlichen Einsprengseln an vornehmen Leuten, so mokierte sich einst Elizabeth von Arnim gewissermaßen von höherer gesellschaftlicher Warte aus und mit gewohnt spitzer Feder in ihrem Jahresrückblick 1901, seien oftmals ziemlich naiv und selten harmlos zu nennen, doch trage gerade diese Naivität ein Gutteil dazu bei, ihre beleidigende Art etwas zu mildern.

Eingekeilt direkt an der vor dem jähen Absturz schützenden Königsstuhl-Balustrade stehend die Vielzahl der Mitschauenden und Mitstaunenden zu überhören gelingt kaum, aber man kann versuchen, sie für Minuten zu übersehen zugunsten eines lohnenderen Anblicks: Die leicht bewegte tiefblaue und nur weit draußen aquamarinfarbene See geht, wo sie sich hinter der Erdkrümmung versteckt, in einen graudunstigen Horizont über; dunkle Wolkenfetzenschatten gleiten schnell übers Wasser; in Ufernähe reiten helle Schaumpferdchen auf dem Türkis höherer Wellen, die an der großen Findlingshürde vor der Küste zu Gischtspritzern gebrochen werden; weiß leuchten Segel und Aufbauten vorbeiziehender Boote; an kalkige Klippen klammern sich bizarr geformte Bäume und Sträucher.

Der Abstieg vom Königsstuhl zum Ostseestrand überwindet 119 Höhenmeter. Gräfin Arnim machte sich gemeinsam mit ihrer Reisegefährtin bereits früh um sieben auf den Weg zum Grund der Schlucht. Es versprach ein schöner Sommertag zu werden. Am Fuß des Königsstuhls gab es zu Elizabeths Zeiten noch eine Schiffsanlegestelle und einen Platz zum Baden mit Hütten zum Umkleiden, an deren Wänden die beiden Damen angeberisches Gekritzel monierten. Doch steiniges Ufer und eisiges Wasser trieben sie sehr bald zum steilen Aufstieg: atemlos, mit langen Pausen zwischendurch, jede Sitzge-

legenheit mit großartigen Ausblicken nutzend. Das machte Appetit auf Frühstück. Und Lust auf Naturgenuß ohne Höhen und Tiefen.[25]

»Kaum zehn Minuten war ich gewandert, hatte den Vögeln gelauscht und alle paar Schritte in den blauen Himmel zwischen den Zweigen hinaufgeschaut, als ich zum Herthasee kam, einem geheimnisvollen stillen Teich mit schwarzem Wasser, umgeben von Schilf und ruhig-feierlichen Waldpfaden. Auf dem Moos am Ufer des Herthasees saß, den Blick gedankenvoll aufs finstere Wasser gerichtet, der Professor. ›Ich habe keinen Zweifel daran, daß dies hier die Stelle war‹, bemerkte er, ›und Klüver hatte recht mit seiner Mutmaßung.‹ … ›Wer ist Klüver? Und um welche Mutmaßung handelt es sich?‹«

Zum Herthasee sind es kaum mehr als tausend Schritte. Landeinwärts scheinen nur wenige Ausflügler zu streben. Bald zweigt ein breiter Waldweg zu Herthasee und Herthaburg ab, führt an einem Erlenbruch vorbei mit winzigem Tümpel, den gelbe Wasser-Schwertlilien einrahmen. Durchs Blätterdach dringende Sonnenstrahlen werfen kleine helle Flecken auf die sterblichen Überreste eines vormals riesengroßen Baumes, die, langsam zersetzt, dem Erdreich zurückgegeben werden. Das Leben der sagenumwobenen uralten Herthabuche ging wohl in den fünfziger Jahren zu Ende. Ihr Nachwuchs sprang sofort in die Bresche.

Am Wegesrand gibt es Opfersteine zu betrachten (es sind allerdings nur sogenannte, in Wirklichkeit von eiszeitlichen Gletschern hierher transportierte, teils blutfarben beschmierte harmlose Findlinge aus Skandinavien), und einer ist sogar darunter, an dem sich so etwas wie ein Schwangerschaftstest durchführen lassen soll. Die auf mehr als die bereits existierenden vier Töchter ganz und gar nicht erpichte Elizabeth von Arnim wird eine Probe aufs Exempel, und sei es nur, um sich die gute Reiselaune zu erhalten, ganz bestimmt gemieden haben wie die Pest. Elizabeths Aufzeichnungen berichten vielmehr vom geheimnisvoll dunklen runden Teich mit von Binsen umstandenem schwarzen Wasser, den sie auf einem herrlichen Weg in einer ruhigen, heiligen Natur tief beeindruckt umrundet habe.

Stille; das Wasser nicht gar so dunkel wie vermutet, dichte Ufervegetation, Iris darunter, ein kleiner Steg zur besseren Aussicht, malerisch ragen Baumgerippe aus den Fluten, Fischchen flitzen fort, sobald man sich nähert: Das Magisch-Mystische des Herthasees bekommt man unvermittelt zu spüren.

Die Wipfel der Baumriesen ragten wie Gold gegen den Himmel …

Die gleich neben dem abflußlosen, bis zu elf Meter tiefen Gewässer liegende hufeisenförmige Wallanlage, ein Relikt frühmittelalterlicher Besiedlung durch streitbare Ranen[26], brachte die Gräfin im Geist ihrer Zeit mit Grabstätten vorgeschichtlicher »Hünen« in Verbindung. Daß Opfersteinlegenden und die Sage von der Erdmutter Nerthus – alias Hertha – bis in die Gegenwart lebendig bleiben konnten, habe seine Ursache wohl hauptsächlich, mutmaßt augenzwinkernd der Rügen-Chronist Herbert Ewe, in Profitinteressen rüganer Gastwirte.[27] Allerdings gehen die Anfänge dieser werbewirksamen Geschichten auf den von Elizabeths Professor erwähnten Klüwer zurück. Philipp Klüwer. Er wird als Begründer der Historischen Geographie angesehen und erntete für sein 1616 erschienenes mehrbändiges Werk *Germania antiqua* allerhöchstes Lob, zumal durch seine ausgesprochen kühnen, als Entdeckungen deklarierten Behauptungen die lukrative Aufwertung so manchen Landstrichs erst möglich gemacht wurde. Den Herthasee und den Burgwall betreffend, interpretierte Klüwer recht frei eine dem 40. Kapitel der *Germania* des römischen Geschichtsschreibers Tacitus[28] entlehnte Textstelle: »Bei den einzelnen dieser Völker [deren Lebensraum bei Tacitus nicht näher beschrieben wird] ist nichts Bemerkenswertes hervorzuheben, als daß sie insgesamt die Nerthus, d.i. die Mutter Erde, verehren und glauben, daß dieselbe in die menschlichen Angelegenheiten sich einmische und unter den Völkern herumfahre. Es ist auf einer Insel im Ozean [auch die nicht näher geortet, aber wie Philipp Klüwer messerscharf schloß: eindeutig Rügen] ein heiliger Hain und in demselben ein geweihter, mit einer Decke verhüllter Wagen, den allein der Priester berühren darf. Dieser erkennt es, wann die Göttin sich in dem Heiligtum befindet, und geleitet die von weiblichen Rindern Gezogene mit großer Ehrfurcht. … Dann wird Wagen und Gewand und die Göttin selbst in einem verborgen liegenden See [dem Herthasee zweifelsfrei demzufolge] abgewaschen: Sklaven verrichten dies Geschäft, welche der See hernach sogleich verschlingt.« Tacitus schreibt von der Erdmutter Nerthus, deren Name durch vorteilhafte falsche Lesart als Hertham oder Hertha eingedeutscht wurde. Zu Nutz und Frommen der Touristen, argwöhnt Ernst Boll in seinen Rügen-Reise-Erinnerungen des Jahres 1858, denen auf ihren Ausflügen des Pikanten nie zu viel dargeboten werden könne. Auch Elizabeth von Arnim hatte ihren Spaß an der gruseligen Story.

Der Herthasee: geheimnisvoller, stiller Teich, umgeben von ruhig-feierlichen Waldpfaden.

Derzeit finden Naturfreunde eher den unübersehbaren Rückzug der im Plattdeutschen liebevoll Mümmelken genannten Gelben Teichrose erschreckend. Aus der eigentlichen Charakterpflanze des Herthasees machte Elizabeth im Roman die schwimmenden Socken des Professors, der von nun an seine widerspenstige Frau Charlotte über die ganze Insel verfolgen wird, um sie ans heimische Herdfeuer zurückzulocken. Als Symbol seiner Verlassenheit zieht Nieberlein aus den Tiefen seiner Jackentaschen völlig zerrissene gelbwollene Strümpfe. Das weiß die fiktive Elizabeth allerdings sehr geschickt zu parieren:

»›Ich glaube nicht, daß mir ein paar Socken die Laune verderben dürften. Wenn sie mich störten, würde ich sie wegwerfen und mir neue kaufen.‹ … ›Sieh da, wie weise‹, rief der Professor … Und ohne Umstände schleuderte er seine beiden Socken nun in den Herthasee. Dort lagen sie nun, seltsame Blüten aus gelber Wolle, regungslos auf der Oberfläche des geheimnisvollen Wassers.«

Über Hertha, die Göttin der Erde, heißt es, sie habe den Frieden gebracht.

Lohme, Bobbin, Schloß Spyker und Glowe

»Gegen elf Uhr ... machte ich mich zu Fuß auf zur ersten Teilstrecke meines Weges nach Glowe. Ich schickte den Wagen auf der Landstraße nach Lohme, wo wir uns treffen wollten und wo ich zum Essen bleiben wollte.«

Die Absicht, in aller Herrgottsfrühe den Sonnenaufgang über dem Meer zu beobachten, war von Elizabeth eingedenk des Windes, des grauschwarzen gewittrigen Himmels und sich alsbald einstellender Langeweile wieder aufgegeben worden. Zum Abschied überreichte der Wirt des STUBBENKAMMER-HOTELS den beiden Damen je eine Rose als kleine Aufmerksamkeit mit großem Erinnerungswert, wie er meinte, die ihm zwar eine Erwähnung im Reisetagebuch, nicht aber im Rügenroman einbringen sollte. Dann kutschierte Wilhelm, die Waldstraße von Stubbenkammer über Ranzow nehmend, an Lohme vorbei Richtung Glowe. Doch Lohme durfte nicht einfach übergangen werden. Tags zuvor war Elizabeth dorthin gewandert:[29]

»Ich ... ging unten an der Küste den Fußweg entlang. ... Am Grunde der Schlucht beginnt der Fußweg nach Lohme ... Ein weißer, kreidiger Pfad unterhalb der Klippen, mit Moos und allerlei wilden Blumen und Farnen bedeckt. Große Mengen von Maiglöckchenblättern ... blau von wilden Glockenblumen. Was für ein Weg!«

Was für ein Weg? Die Suche nach Mengen von Maiglöckchenblättern und Glockenblumen fällt buchstäblich ins Wasser. Der Pfad unmittelbar am Strand zwischen Stubbenkammer und Lohme wurde ein Opfer des immerwährenden Angriffs der Brandung.

»[In Lohme] nahm ich wieder ein Bad, ein himmlisch einsames Bad ... Trotz der Hitze hatte ich hier das Gefühl, die kräftigste Luft von Rügen zu atmen. ... Die Bucht unterhalb der Klippen ist ruhig und angenehm ... und später saß ich noch an der Bucht in der Sonne und dachte über alles nach ... Ich war dermaßen beschäftigt, daß ich zu essen vergaß ...«

Das Wasser im Schatten der Felsen war eiskalt, aber es war ein wundervolles Gefühl …

Seit 1884 trägt die überschaubare Siedlung Lohme an der Tromper Wiek die offizielle Bezeichnung Seebad und hatte sich forthin zur Sommerfrische für Anspruchsvollere gemausert: In einem der ersten Prospekte wurden der kleine sanft rieselnde Bach, anmutige Spaziergänge und andere Ergötzlichkeiten angepriesen, als da waren: Karussell, Kegelbahn, Spieltische, Schaukeln, Wippen, auch Musik – wohingegen es, ein wichtiger Hinweis, an Likör- und Tanzdielen oder sonstigen Kabinetten fehle. Lohme warb zudem mit dem abwechslungsreichen Steinstrand, der Reinheit der Luft und der Heilwirkung des Seeklimas. Badegäste revanchierten sich ihrerseits allsommerlich bei den gastlichen Fischern mit einem phantasievollen Festumzug zu Ehren der allgegenwärtigen Göttin Hertha.

»Lohme selbst besteht aus einer kleinen Ansammlung von Hotels und Pensionen oben auf dem Felsen, sehr klein und bescheiden … Die paar Dampfer, die vor Lohme halten, spucken die Touristen, die aussteigen wollen, in ein kleines Boot … Ist der Reisende sicher an Land, muß er einen schattenlosen Zickzackweg hinaufklettern, der im Juni sicher schön ist, denn die Felsen sind dicht mit wilden Rosenbüschen bewachsen. Oben steht er dann zwischen den Pensionen von Lohme und bewundert zahlreiche mit Kapuzinerkresse gefüllte Kübel vor der kleinen Terrasse des ersten Hotels. Diese Kresse, flammend vor dem weiten blauen Hintergrund von See und Himmel, ist ein Anblick, der allein den Besuch von Lohme lohnt.«

Elizabeth von Arnims verschiedentliche Besuche in Lohme galten immer auch Grey's Hotel – und trotz gegenteiliger Behauptung nahm sie auch am 24. Juli 1901 ihren Tee in dessen Räumen.[30]

Auf der Suche nach diesem Haus taucht am Ende des den Steilhang in Serpentinen nehmenden, bewaldeten Weges das schneeweiße Panorama auf wie eine Fata Morgana. Matthias Ogilvie, mehr als nur Hotelbesitzer, erklärt und zeigt gern sein »Reich«, erläutert seine Philosophie für den Ort, spricht als soziologisch geschulter Unternehmer sensibel über seine Erfahrungen, seit er im Mai 1991 von Aachen nach Lohme wechselte. Ogilvie gehört auch das gleich neben dem Hotel Panorama liegende Gelände, auf dem – noch – das besichtigt werden kann, was von Grey's Hotel, dem späteren Kurhotel, übrig geblieben ist. Es belegte mit 180 Betten so lange den Rang des besten Hauses am Platze, bis nach dem Ersten Weltkrieg der Bädertourismus in Lohme vorübergehend zum Erliegen kam.

Ein entzückendes kleines Haus, wie man es sich für den Lebensabend wünscht …

»Wir holperten über Steine weiter zwischen grasigen Böschungen bis zu einem winzigen Dorf mit einer sehr alten Kirche; es hatte den hübschen Namen Bobbin[31]*. ... Der Reiseführer gab ein Alter von sechshundert Jahren an, und gern wäre ich hineingegangen, aber ich wußte, daß sie verschlossen war ...*

... In diesem Augenblick kam der Pfarrer selbst die Straße entlang, und er sah so freundlich aus, und sein Blick war so mild ... Er war die Liebenswürdigkeit in Person.

Das Pfarrhaus von Bobbin ist ein entzückendes kleines Haus, wie ich es mir für meinen Lebensabend wünsche, es hat Gitterfenster und einen Weinstock. Es steht in einem Garten, so reizend, von so vielen geheimnisvollen Wegen durchzogen ... Ein freundlicher Hund lag zwischen Krocket-Kugeln auf dem Rasen ... Das Haus war so still, als schliefe es, während ich im Wohnzimmer wartete.«

Zurück zur Landstraße, eine Allee mit wechselnden Baumarten, Linden, Kastanien, danach Eschen und Eichen, links ausschnittweise sichtbare goldgelbe Felder. Auf einer Anhöhe das einzigartige Panorama: Ostsee – Großer Jasmunder Bodden – Klatschmohn, Kornblumen, Kamille! Abzweig Sagard. Zwei Kilometerchen noch. Bobbin besteht aus wenigen Anwesen. Kurzer Aufstieg zur Kirche, vorbei an Gräbern, ein paar Stufen hinab: der Pfarrhof, ein entzückendes kleines Haus mit Gitterfenstern und blauen Läden. Es duckt sich in den parkähnlichen Garten. Kein Hund. Dafür Gänse. Und *The Pastor's Wife*[32], ein Kleinkind auf der Hüfte. Die Frau an der Seite des amtierenden Pfarrers ringt sich zu der Auskunft durch, daß es sich bei ihrem Zuhause um ein neueres Gebäude als das zu Elizabeths Zeiten an dieser Stelle(?) stehende Fachwerkpfarrhaus handele.

Elizabeth von Arnim gelangte nach vergeblichem Klopfen einst in eine Diele, wo ihr ein für acht Personen gedeckter Tisch auffiel, und von da bat sie eine zugängliche Magd in die gute Stube: nicht häufig benutzt, künstliche Blumen in der Vase. Der Köcher des Pfarrers sei wohl voll, kommentiert Elizabeth in ihren Aufzeichnungen für jenen Tag den vermuteten reichen Kindersegen des Hausherrn. Ein Pastor namens Cyrus[33] war es, der den Pfad zur 1250 erstmals erwähnten, größtenteils um 1400 erbauten, einzigen erhaltenen Feldsteinkirche auf Rügen voranschritt.

»Es ist eine äußerst kuriose Kirche. Der gewölbte Altarraum ist der älteste Teil.

Dort befindet sich ein Altarbild, gestiftet vom schwedischen Feldmarschall Wrangel, der im 17. Jahrhundert in einem mit Türmchen versehenen Schloß in der Nähe gelebt hat. Er pflegte in einer abgeschlossenen Loge hoch oben auf der Seite der Kanzel zu sitzen; sie hatte ... seltsame bemalte Täfelungen mit einem Wappenschild in der Mitte und denen des Fürsten Putbus, dem das Schloß jetzt gehört ... Der Pfarrer führte mich auf die Galerie und zeigte mir ein Bild mit dem Haupt Johannes des Täufers, gerade geköpft und der Herodias, die versucht, ihm die Zunge herauszureißen ... Noch ein anderes Bild hängt oben, das Abendmahl in Emmaus, der Bibeltext steht in lateinischer Sprache darunter. ... Ich saß ... in der kühlen, staubigen kleinen Galerie, schaute auf die offene Tür hinaus auf die sommerlichen Felder und auf das glitzernde Wasser des Bodden.«

Das Hauptportal der dem heiligen Paul geweihten gotischen Dorfkirche steht einladend offen. Im Ausschnitt der Seitentür taucht in der Ferne silbrighell glitzerndes Boddenwasser auf. Elizabeths Schilderung erleichtert die Orientierung im Innern. Beinahe alles blieb seither an seinem Platz: Patronatsloge, Wrangel-Kanzel, die Emmaus-Brüder-Darstellung mit Bildunterschrift, die die deutsche Übersetzung des lateinischen Textes gleich mitliefert. Nur jene schaurige Darstellung der Enthauptung des Täufers Johannes fehlt unterdessen. Dagegen gibt es die neue unpassende Holzdecke.

»Wir fuhren am Schloß mit den vier Türmen vorbei ... Das Schloß, genannt das Spyker Schloß, ist an einen Landwirt verpachtet. ... Ich konnte einen Blick erhaschen von einem wunderschönen alten Garten mit Buchsbaumpyramiden, vielen Blumen und breiten Alleen ...«

Elizabeth und Freundin Oona gelang es, weit mehr Eindrücke von Schloß Spyker als den literarisch verwerteten Blick in den Park zu erhaschen. Mit Charme und Nachdruck hatten die Besucherinnen so lange auf den aus Putbus stammenden Pächter eingewirkt, bis er ihnen neben anderem Interieur schöne große Zimmer mit herrlichen Stuckdecken präsentierte und ebenso ein mottenzerfressenes Zimmer im Turm.[34] Als Anerkennung für seine Verdienste im Dreißigjährigen Krieg schenkte die schwedische Königin Christine einst dem berühmten Feld- und Reichsmarschall Graf von Wrangel[35] die Herrschaft Spyker. Später kam das Besitztum an die Fürsten zu Putbus. Jetzt beherbergt Schloß Spyker Hotelgäste. Frisch ochsenblutfarbig die Außenhaut des burgähnlichen Komplexes, drinnen strahlen stukkierte Decken der

Die kuriose Kirche in Bobbin – der gewölbte Altarraum ist der älteste Teil.

Das Spyker Schloß. Unten spielte jemand Cello, durchdrungen von Weltschmerz …

Bel Etage wie neu. Nur schlugen Restaurationskosmetiker da ein wenig über die Stränge, wo sie ursprünglich kreideweiße Wangen rougten, Äuglein bläuten und Lippen röteten. Aus Turmgemächern wurden repräsentative Räume.

Als Elizabeth sich hier umsah, säumten orangefarbene Taglilien gepflegte Spazierwege – wie sie sie zu Hause hatte, wo sie sich bis zu den Kornfeldern hinzogen, eine Kombination, die ihr sehr gut gefiel.[36] Den größten Teil des ehedem sehenswerten großen Parks von Schloß Spyker erobert sich die Natur gerade zurück.

»Glowe besteht aus einer Handvoll Häusern zwischen der Landstraße und der See. Auf der andern Seite der Straße ist nichts als grüne Ebene, die sich bis zum Bodden erstreckt. Wir hielten am ersten Gasthaus, auf das wir trafen – beinahe das erste Haus überhaupt – einer bescheidenen, unschönen kleinen Stätte, über deren Eingang folgender Rat an die Touristen zu lesen war: ›Sag, was du willst, kurz und bestimmt/ Laß alle schönen Phrasen fehlen; / Wer nutzlos unsre Zeit uns nimmt, / Bestiehlt uns – und du sollst nicht stehlen.‹ …

Mein Zimmer war recht hübsch, seine beiden Fenster gingen hinaus auf die mit großen Kleeflecken gesprenkelte Ebene, auf der Kühe weideten. … Nach dem Essen ging ich durch einen kleinen stickigen Garten hinab zum Strand hinter dem Haus. … Dieser Ort war von allen auf Rügen, die ich kennengelernt habe, der ländlichste und friedlichste … wir frühstückten an einem kleinen Tisch an der Straße vor dem Haus. Wir aßen Flundern und dazu heißes Stachelbeergelee.«

Das Urheberrecht für die eigenartige Fisch-mit-Kompott-Kreation hielten Wirt oder Wirtin des STRANDHOTELS von Glowe. Sollte es dem Haus tatsächlich an äußerer Schönheit gefehlt haben, so machte es das Manko eindeutig wieder wett durch nette kleine Zimmer mit hübscher Aussicht ins Grüne so weit Elizabeths Auge reichte. Frischer See- und Kieferndutt kam herbeigeweht. Vor dem Horizont bewegten sich aufgereihte Bäume. Im Haus strich irgend jemand eine traurige Melodie auf dem Cello und befand sich damit im Widerstreit mit ganz nahe laut jubilierenden Lerchen. Es gab gebratenen Aal, Spargel, dann Schweinefleisch und Preißelbeergelee zu Mittag. Neugierige Kinder holten für Elizabeth und Oona den Badehüttenschlüssel herbei, begleiteten ihre Schützlinge bis zum Ufer, wrangen ihnen anschließend artig die Badesachen aus – hielten es beim eigenen Sprung in die Fluten jedoch mit Schürzchen oben und unten ohne. Zum Kaffee gab es Stachelbeerkonfitüre,

Gebratener Aal und Spargel, Würste mit Preiselbeeren, seltsam und schwer verdaulich …

die beste, notierte Elizabeth von Arnim, auf der Insel Rügen! Danach war noch Zeit für den Königshörn-Klippen-Spaziergang sowie eine Fahrt mit dem Fischersegelboot – eine ziemlich kurze, da der Kielraum mit Wasser vollgelaufen war, und zudem roch es ausgesprochen fischig. Frauen mit Sonnenhauben kamen vom Melken, Abendessen auf der Veranda, rosige Wolken, neblige Wiesen mit friedlich grasenden Kühen, die ihren Unmut herausgebrüllt hatten. Matratze mit Kuhlen und Federbett, typisch deutsch. Alles sehr einfach und schön. Die Gräfin eingehüllt in ihre ganz spezielle ländliche Stimmung.

Man vernahm keinen Laut, außer dem leisen Flüstern im Getreide …

Breege-Juliusruh, Altenkirchen, Vitt und Kap Arkona

»Von Glowe aus führt die Landstraße beinah ohne eine Biegung durch die Kiefern zum nächsten Ort, Juliusruh; man fährt etwa anderthalb Stunden Richtung Nordosten. Wir kamen an keinem einzigen Haus vorbei, der Weg war vollkommen einsam und die Schwüle lähmend. Wir konnten weder die Ostsee noch den Bodden sehen, die jeweils nur wenige Meter hinter den Kiefern lagen.«

Von Glowe aus führt die Landstraße tatsächlich unumwunden über die Schaabe (eine noch langgestrecktere, noch schmalbrüstigere Nehrungsschwester der Schmalen Heide). Für die beiden von Wilhelm angetriebenen Pferde der Gräfin waren 1901 noch unbefestigte Sandpisten eine wirklich harte Prüfung, und so erklärt sich die eineinhalbstündige Kutschenfahrtzeit für nur zehn zurückgelegte Kilometer. Um der landraubenden Erosion Einhalt zu gebieten, war 1860 mit einer großangelegten Aufforstungsaktion begonnen worden; seither halten Wurzeln genügsamer Kiefern die lockeren Böden der Schaabe fest umschlungen. Mit ihren Nadeldächern wiederum hindern sie Wind und Regengüsse am unmittelbaren zerstörerischen Zugriff. Badelustige bevölkern heutzutage an Hochsommertagen den traumhaft schönen Strand zwischen Glowe und Juliusruh. Wo Elizabeth von Arnim lediglich die fehlende Aussicht auf Bodden und Ostsee beklagen mußte, verstellt der Kiefernwaldstreifen unterdessen auch die Aussicht auf dicke und dünne Nudisten.

»In Juliusruh, einem flachen, stickigen Ort mit neuen Fremdenpensionen, konnten wir einen Blick auf die lehmfarbene See werfen. Nach Juliusruh, wo die Landstraße plötzlich endete …, wurde der Himmel immer undurchdringlicher, und es begann zu regnen. Es war der erste Regen auf meiner Reise, und er war köstlich.«

Vom Fischerdorf Breege am gleichnamigen Bodden und von dessen erst hundertjährigem Ostsee-Badestrand-Ableger Juliusruh ist im Rügenroman

Am Strand verflog jeder Gedanke an Stickigkeit vor dem wogenden Blau …

auffallend wenig die Rede. Daß die Freundinnen in dem kleinen Badeort übernachteten, wird sogar vollends verschwiegen. Mag sein, Elizabeth war sich ihrer ursprünglich festgehaltenen Eindrücke später nicht mehr so sicher. Denn statt ihre gegen Juliusruh gerichteten Vorwürfe literarisch zu verwerten, bevorzugte sie eine knappstmögliche Erwähnung. Das Tagebuch offenbart als einzig Erfreuliches unter dem 26. und 27. Juli: Schubkarrenfest im hübschen kleinen Breege. Und dann geht es los mit dem Lamento: Nieselregen bei der Ankunft, die Pension in Juliusruh habe aus zwei unsauberen kleinen Räumen bestanden (die Gräfin von Arnim sofort zu schrubben befahl), in einem schrecklichen kleinen Haus voll mit den seltsamsten Menschen (da die Pension nicht näher beschrieben ist, bleibt sie für Spurensuchende unauffindbar), sie fühle sich elend, das Meer sei kalt und zudem lehmig, dämpfige Schwüle, lästige Fliegen und Mücken im Park. An das, was Carlyle[37] *immensities* nenne, habe sie alles erinnert, was ihr niemals passiere, wenn sie sich amüsiere.

Elizabeths Leiden hat einen Namen: Schlechtwettersyndrom. Unerfreuliche Witterung führte bei ihr zeitlebens unweigerlich zu ausgesprochen miesepetriger Stimmung bis hin zu regelrechten Depressionen.

Gegenwärtig herrscht Gute-Laune-Wetter, die Sonne brennt vom Himmel. Am Ende der Schaabe beginnt das flache Land des Rügenzipfels Wittow. Das beschauliche Seebad Juliusruh putzt sich heraus. Es fällt leicht, es sich kurz nach 1883 oder 1895 vorzustellen, als Fischer und Seefahrer aus Breege den Bäderverein und die Kurvereinigung ins Leben gerufen hatten. Am Ostseestrand wurden dementsprechende Unterkünfte gebaut. Kamen damals, über die 1891 fertiggestellte Kleinbahnstrecke Bergen–Altenkirchen, vorwiegend solche Mittelstandsbürger nach Juliusruh, die sich längst einen Rügenaufenthalt erträumt, das teurere exklusivere Pflaster von Sassnitz, Binz, Putbus aber hatten meiden müssen? Annoncen warben mit guter und billiger Küche nebst Pension und mäßiger Kurtaxe. Das entsprach nicht unbedingt dem Niveau einer Gräfin.

Das Seebad nennt ein gärtnerisches Kleinod sein eigen. Um 1795 ließ Julius von der Lancken unvorstellbare Mengen humoser Erde ankarren, auf eine große Fläche des nährstoffarmen Sandbodens verteilen, einen, so hieß es da-

Die ganze Welt war heiter und frisch und duftete …

mals, »durch Kunst aufgefüllten Tempelberg« errichten und schließlich heimische wie exotische Gehölze anpflanzen. Eine ebenso ehrgeizige wie kostspielige Inszenierung. Das Projekt entpuppte sich als wirtschaftliches Desaster. 1803 kaufte ein Vetter den Park, 1835 ein Stralsunder Kloster. 1858 machte das Gelände einen verwilderten Eindruck. Der nunmehr zweihundert Jahre alte gepflegte Park von Juliusruh beschert angenehme Kühle im Schatten duftender Linden und bietet vom wieder tempellosen Hügel Aussicht über die bis an den Wieker Bodden sich dehnende Feldflur. Allerdings neigen lästige kleine blutsaugende Insekten, wie leidgeprüfte Parkgärtnerinnen bestätigen können, an schwülen Sommertagen zu überfallartigen Attacken.

Zwischenstopp in Altenkirchen. Elizabeth und Oona hielt Regennässe davon ab, vor der schönen alten Kirche auf der Anhöhe auszusteigen und beim Pfarrer anzuklopfen. Ein Versäumnis. Das behäbige Findlingsfundament, dem im 13. Jahrhundert Backsteinmauern aufgesetzt wurden, der seitlich frei stehende Holzturm, die anrührenden, verwitterten Inschriften auf rundum in den Boden gesunkenen Grabsteinen: das erinnert an ähnlich stimmungsvolle englische Friedhöfe. Ganz besonders aber an den von Penn/Tylers Green, auf dem Elizabeths Urne nach dem Zweiten Weltkrieg gleich neben dem Gotteshaus beigesetzt wurde und wo die mittlerweile verblaßte Inschrift einer grauen Granittafel auf Mary Annette Countess Russell »Elizabeth« / Died February 9th 1941 / Parva Sed Apta[38] verweist. Hier, in Altenkirchen, liegt Ludwig Gotthard Theobul Kosegarten begraben. Allein das schöne schmiedeeiserne Schutzgitter der im Schatten des Langhauses liegenden letzten Ruhestätte des Dichter-Pfarrers verrät dessen besondere Bedeutung.[37] Ganz nahebei halten Schafe den Rasen zwischen den Grabstelen kurz. Sogar im Inneren der Kirche hängt ihre Duftwolke. Die Rügenliteratur lobt Bauwerk und Ausstattung der in ihrem Ursprung romanischen Basilika mit gotischem Kreuzrippengewölbe ausführlich – und doch gilt die Aufmerksamkeit vieler Besucher dem Auffinden einer 1967 entdeckten, rätselhaften Wandzeichnung. Mit etwas Spürsinn identifiziert jemand in einer Nische das Graffitto. Ein Schwein soll es sein, ein Betrachter jedoch assoziiert ein Schaf …

Die Chaussee von Altenkirchen nach Putgarten leitet durch weites Bauernland mit nur vereinzelt eingestreuten Baumgruppen; eine sanft ansteigende Allee scheint auf die Leuchttürme von Kap Arkona zuzuführen. Doch zuvor

Man schaut auf die See und die wolligen Haufen kleiner weißer Wolken darüber …

kommt man zwangsläufig auf einen riesigen Parkplatz mit obligatorischen Buden, in denen neben Seesternen auch präparierte Kugelfische (wie die vom Oberlauf des Nils oder aus Westafrika bloß an die Ostsee gekommen sind?), echt einheimischer Honig sowie Bernsteinernes feilgeboten werden. Hier sollen auch Kutschen zu mieten sein, zu sehen sind pferdeomnibusartige Kremser. Eine weitere Alternative ist das Liliputbähnchen, in dem Reiselustige nach Vitt zockeln können.

»Vitt ist ein kleiner Fischerweiler, versteckt in einer tiefen Schlucht. Ein reizvoller kleiner Ort – ein paar Fischerhütten, ein winziges Gasthaus und eine Menge Walnußbäume. … Selbst bei Regen war Vitt ganz und gar entzückend, ich kann es dem Reisenden mit gutem Gewissen empfehlen, und bei sonnigem Wetter muß es einer der hübschesten Orte Rügens sein.«

Zwei Tage darauf, am 29. Juli, Elizabeth hatte sich derweil in Wiek einquartiert und von dort bei schönstem Sommerwetter nochmals nach Vitt kutschieren lassen, fand sie ihre Vermutung bestätigt. Die Damen stiegen aus und gingen ins BIERHAUS, dessen Wirtin lediglich ein Butterbrot offerierte und zu Rühreiern überredet werden mußte. Wartezeiten in Lokalen ging die Gräfin gern aus dem Wege. Und so schlenderten sie und Oona bis zur Fertigstellung der Mahlzeit zum nahen Strand. Niemals zuvor, vermerkte Elizabeth gleichfalls am Ende dieses Tages, habe sie Hausenten auf dem richtigen Meer schwimmen gesehen. Die als Nachspeise angepriesene Rote Grütze wurde durch unvermittelten Aufbruch umgangen.[39]

De groote Vitte nannten die Rüganer den nur temporär bewohnten Fischerei-Lagerplatz zum Einsalzen, Verpacken und Verkauf oder Versand der Heringsfänge. Malerisches Bilderbuchdorf läßt sich das denkmalgeschützte und seit Mitte des 19. Jahrhunderts ständig bewohnte Vitt heutzutage titulieren. Dreizehn zumeist rohrgedeckte Katen klemmen dichtgedrängt zwischen zwei Schluchtwänden des Steilufers. Mächtige Eschen prägen das Bild. Das winzige, angeblich über hundertjährige Wirtshaus ZUM GOLDENEN ANKER sieht einladend aus. Doch mit der Attraktion des Frischer-Räucherfisch-Dunstes und mit lauter Musik aus der Konserve kann es schwerlich konkurrieren: In Scharen ziehen Tagesgäste zur Bude an der Schiffsanlegestelle. Weit und breit keine Enten.

»Von Vitt nach Arkona beschreibt die Straße einen Winkel, in dessen Spitze das

Dorf Putgarten liegt; wir brauchten eine Viertelstunde, um es zu umfahren. Gegen ein Uhr gelangten wir nach Arkona, praktisch nur ein Leuchtturm mit einem Restaurant … Der Regen fiel eintönig … Man konnte sich keine trostlosere See, keinen traurigeren Ort vorstellen. … Der Garten liegt westlich des Leuchtturms auf einem Hang, der steil hinabfällt zu den flachen Kornfeldern … Ein hübscher Platz voller Lilien – an diesem Tage blühten sie – und Pappeln, diesen musikalischsten unter den Bäumen. Unbehauene Stufen an einer Seite des Hügels führen zu einem Fußweg …«

In Vitt beginnt die Hochuferwanderung zum nördlichen Punkt der Insel Rügen. Neben dem Weg, gegen das Wasser, im bunten Durcheinander: Flockenblumen, Habichtskraut, Schafgarbe, Johanniskraut, Hauhechel, Labkraut, Heckenrosen …, Distelfalter, ein Admiral, viele Schmetterlinge mit schachbrettgemusterten Flügeln gaukeln von Blüte zu Blüte auf der Suche nach Nektar, eine filigrane Blaugrüne Mosaikjungfer demonstriert Libellenkapriolen. Der Himmel ist tiefblau, die See türkis mit dem berühmten violetten Schimmer. In Ufernähe wird das Wasser ganz flach, man kann bis auf seinen Grund sehen. Rechts hinterm Hakenufer muß Lohme sein, nach links liegt Kap Arkona mit seinen Wahrzeichen. Der Pfad führt vom Kliff weg, jetzt säumen ihn noch mehr Sanddornbüsche. Bald wird es orangerot aus ihnen leuchten. Zu Gräfin Arnims und Oona Buttlers großem Verdruß waren sie im Gasthof am Kap Arkona gezwungen, zum Essen in den großen Speisesaal zu gehen und eineinhalb lange Stunden zwischen lärmenden Gästen in Gesellschaft zweier leicht bekleideter, rauchender Schauspielerinnen auszuharren. Auch der Blick nach draußen auf naßglänzende Ziegelsteinhaufen konnte, was Wunder, ihre Stimmung nicht heben. (1901 hatte der viereckige klassizistische, von Karl Friedrich Schinkel entworfene Leuchtturm mit seinen 17 parabolverstärkten Rüböllampen noch nicht ausgedient, doch war bereits ein neuer im Bau. Im Jahr darauf wurden die weiter reichenden elektrischen Blinkfeuer des fertiggestellten höheren runden Turms installiert.) Im Gegensatz zu zwei Schönwetter-Besuchen des Jahres 1898, war der Aufenthalt am Kap Arkona dieses Mal für Elizabeth von Arnim absolut kein Erfolg. Für die erlittenen Strapazen sollte ein Spaziergang entschädigen; Aufs und Abs fielen ihr ins Auge, auch unerwartet in Höhlen angebundene Kühe – doch des anhaltenden Regens müde, rief sie bald darauf Wilhelm mit der Kutsche.

Arkona – praktisch nur ein Leuchtturm mit einem Restaurant darin.

Doch gab es da noch folgendes Intermezzo: Weil es zum Zeitpunkt ihrer Ankunft am Kap für ein kleines Weilchen trocken geblieben war und sie einsam, in diesem Fall zweisam, eingenommenen beschaulichen Mahlzeiten unbedingt den Vorzug gab, hatte Elizabeth die Speisen zunächst in den rückwärts gelegenen duftenden Garten bestellt: Dort saßen sie und Oona wartend auf den Stufen, als es erneut zu nieseln begann. Und so landeten beide sehr widerstrebend im Speisesaal.

Bei den erwähnten Aufs und Abs wird es sich wohl um die Überreste des slawischen Tempelheiligtums, die Wallanlage der Jaromarsburg, gehandelt haben. Am vorgeschobensten Posten von Arkona wurde im Jahr 1168 das vierköpfige Holzstandbild des Swantevit von dänischen Eroberern zur Demonstration ihrer Macht in Stücke geschlagen. Die auf einen Racheakt ihrer Gottheit vertrauenden Burgbewohner wurden maßlos enttäuscht, sie mußten sich ergeben. Am inneren Wallfuß befinden sich tatsächlich zwei gemauerte Nischen, in denen Kühe hätten angebunden sein können (aber in die allenfalls Kälber hineinpassen würden). Quer durch das wildblumenübersäte Oval geht der Weg zu den Leuchttürmen. Beim älteren der beiden führen eine sichtbar abgenutzte und eine gesichtslose neue steile Steintreppe zu tiefer gelegenen, ratzeputz gemähten, mit ein paar unmusikalischen Bäumen – da keine Pappeln mehr darunter – bestandenen Terrassen. Die nette Verkäuferin am Buch- und Schriftenstand hat ein Faltblatt im Sortiment, dem der richtungsweisende Tip zu entnehmen ist: »Zum Leuchtfeuerensemble gehören weiterhin das Leuchtturmwärterhaus ... sowie der Leuchtturmwärtergarten, erreichbar über die historische Treppe, welche zum Verweilen an schönen Tagen bestens geeignet ist.«

Ein Hotel- und Restaurantkomplex, der zumindest auf einer Abbildung aus den zwanziger Jahren nicht sehr viel anders aussieht als derzeit und den Elizabeth vielleicht in einer ansprechenderen Urform kennenlernte, steht leer. Doch gibt es laut Informationsblatt des Fördervereins Kap Arkona organisierte Grillessen ab 20 Personen im Leuchtturmwärtergarten!

Vor der Rückkehr noch ein Aufenthalt: »... fuhren die Küstenstraße entlang zurück – ein wirklich hübscher Weg durch Kornfelder, links die See bis nach Nobbin, ein Bauernhaus, wo die Straße nach Altenkirchen weitergeht ... links hinter Nobbin eine Ansammlung von Steinen, wie ein Altar ...«[40] Auch

Bild Seite 100/101: Trotz der Hitze hat man das Gefühl, die kräftigste Luft Rügens zu atmen ...

Elizabeth stand somit vor den gewaltigen Wächtersteinen einer direkt an der Kliffkante der Tromper Wiek errichteten jungsteinzeitlichen – manche Quellen sprechen von einer bronzezeitlichen – Grabanlage. Die Szenerie ist beeindruckend. Die größten unter den im Abendschein aufleuchtenden Giganten, die Menhire, scheinen geradewegs zum Kap Arkona, zum Burgwall der Ranen zu weisen.

Dereinst war Rügen übersät mit archaischen Grabanlagen. All jene Völkerschaften, die deren Urhebern nachfolgten, auch solche, die die Insel kriegerisch in ihre Gewalt gebracht hatten, bezeugten ihre Hochachtung vor dem kulturellen Erbe, indem sie es ehrfurchtsvoll unangetastet ließen. 1829 gab es auf Rügen noch 232, inzwischen zählt man an die 50 solcher Bodendenkmäler. Das bei Nobbin wurde von Vandalen des ausgehenden 20. Jahrhunderts mit Ölfarbe besudelt.

Als sei das Leben grenzenlos und als könne die Zeit warten …

In Wiek und auf der Insel Hiddensee – Abschied von Rügen

»In Wiek gibt es zwei Gasthäuser, ein besseres und ein schlechteres. … Wir saßen in einem sehr seltsamen alten Raum, ehemals ein Ballsaal, in dem die vornehme Gesellschaft die Winternächte durchgetanzt hatte. … Außer uns war niemand zu Gast. Selten kommen Touristen nach Wiek, aber dennoch war dieses Gasthaus unter allen, in denen ich gewesen bin, in jeder Hinsicht ausgezeichnet. … Der nächste Tag war ein Sonntag. Ein kleiner Junge stieg in den hölzernen Glockenturm der Kirche … Der Glockenturm steht neben der Kirche, und von ihm aus kann man genau in das Zimmer des Gasthauses gucken, das mein Schlafzimmer war. … Der Reisende, … der die Ruhe liebt, … der Baden und Segeln für einen angenehmen Zeitvertreib hält – dieser Reisende kann für wenig Geld außerordentlich glücklich in Wiek sein.«

Das klingt erfreulich und nach gutem Wetter: »Wiek – 28. Juli 1901 – Himmel klarte auf, strahlende Sonne, Wolken wie Wattebäusche.« Na also! Gutes Frühstück, herrliches Bad im Bodden, Haare trocknen und aufdrehen, mit Hausmädchen Frida ins Schulhaus, um den Kirchenschlüssel zu besorgen – Elizabeths Tagebuch erteilt ausführlichere Auskunft über das Vormittagsprogramm in Wiek, als die auf das Ende der Reise zusteuernde *Elizabeth auf Rügen*. Die Kirche, so ihre Einschätzung, sei voll mit verrückten Sachen: Bilder von Pfarrern, Kirchenpatronen, toten; ein von der Decke hängendes Schiff, wahrscheinlich Votivgabe; auf der Orgelempore zwischen Spinnweben und Gerümpel ein steinernes Pferd mit merkwürdig erfreutem Ausdruck, auf seinem Rücken ein steinerner schlanker Mann in Rüstung. Elizabeth fand das erklärungsbedürftig und bedauerte, daß sie im Pfarrhaus lediglich eine schlampige Wirtschafterin, nicht jedoch den Pastor angetroffen habe. Was heute bei einem Rundgang durch die zufällig offenstehende spätgotische Hallenkirche zu sehen ist, wirkt erst einmal ernüchternd: wie ein gerade entrümpelter riesiger Schuppen. Rauchgeschwärzte Wände und Gegenstände.

So trottet man ganz gemütlich nach Wiek …

Unbedingt erklärungsbedürftig auch heute, der Hausherr muß helfen. Das zu ebener Erde an der Durchgangsstraße liegende Pfarrhausfenster steht weit offen. Wieks Pfarrer sitzt – inmitten eines in einem winzigen schummrigen Raum aufgetürmten, von einer unbeschreiblichen Patina überzogenen Sammelsuriums – beginnend bei altertümlichen Folianten bis hin zu völlig ausgetretenen, farblich nicht mehr zu bestimmenden Turnschuhen – und tippt an seiner Sonntagspredigt. Und Sonntag ist schon morgen. Er wirft dennoch einen Blick auf Elizabeths Wiek-Tagebuchblätter und entpuppt sich plötzlich als wundervoller Helfer und Erzähler. In dem für Gottesdienste genutzten anheimelnden Nebenraum der Kirche zeigt er auf eine Eichenholzplastik aus dem 15. Jahrhundert. Der Kirchenpatron Georg thront auf seinem Pferd. Das Tier grinst unübersehbar. Früher waren Roß und Reiter mit Silberbronze gestrichen und mögen so, erst recht staubig und spinnwebenüberzogen, auf Elizabeth wie aus Stein gewirkt haben. Gräfin Arnims Schiff ist die überraschend kleine Nachbildung eines motorgetriebenen Seglers. Es ist jetzt an einer Säule befestigt und hing früher wirklich an einer Kette genau da, wo der große Ofen im Kirchenschiff steht (er sei, heißt es nach einem Gerücht, kürzlich explodiert; in Wirklichkeit funktionierte der Rauchabzug nicht). Zu derartigen Modellen gibt es folgende Theorien: Erstens sind sie Votivgaben von glücklich heimgekehrten Kapitänen, zweitens ließen Besatzungsmitglieder sie zurück, damit gewissermaßen ein Stück ihrer selbst stellvertretend am Gottesdienst teilnehmen konnte. Bilder von Pastoren und Epitaphien der Stifter sind von den Wänden genommen, etliche warten noch, mit rußiger Plastikfolie bedeckt, auf Restauratoren, ein anderer Teil schon auf das Wiederaufgehängtwerden. Jedes Stück wird in Darstellung und Bedeutung ausführlich erklärt. Eindrucksvoll, was der Pfarrer alles weiß und was offensichtlich schon für die Kirche von Wiek geleistet wurde. Er geht auch mit auf den Streifzug durch ein Spukhaus am Markt und zu Elizabeths Zimmer, von dem aus sie jenen läutenden Knaben im hölzernen Glockenturm mutwillig durch ihr Opernglas fixierte, der daraufhin seinerseits rotznäsig unbeeindruckt zurückstarrte, in dem seit langem niemand ohne Not genächtigt haben kann.

1901 gab es in Wiek nicht zwei, wie die Gräfin meinte, sondern insgesamt drei Gasthöfe; nur zwei davon allerdings in Sichtweite des Kirchturms: ein

Bald darauf erfüllte eine Melodie den Marktplatz. Es war Sonntag …

Deutsches Haus und das Hotel Bismarck, das bis zum Ausbau der Kleinbahnstrecke Bergen–Altenkirchen 1895 Posthalterei war und im gleichen Jahr, nach dem Aussterben der Familie Harder, von einem neuen Pächterehepaar übernommen wurde. Ein ehrgeiziges Zehn-Jahres-Ziel hat sich die Gemeinde Wiek gesteckt, um aus dem Ort wieder das von Gräfin Arnim zur Jahrhundertwende so bewundernd zur Kenntnis genommene Schilfdachhäuser-Fischerhafen-Schmuckstück zu machen. Aber Wiek war und ist kein Touristenmagnet. Das Fischer-, Bauern- und Seefahrerdorf zählte einst zu den wohlhabendsten Gemeinden Rügens und hatte als zentraler Ort der Halbinsel Wittow größere Handelsbedeutung. Erst nachdem im für die Infrastruktur bedeutsamen Jahr 1895 neben dem Eisenbahnnetz auch der Hafen ausgebaut worden war und der Ort von Stralsund aus nicht nur mit regelmäßig pendelnden Seglern, sondern zudem mit dem attraktiven Dampfer »Caprivi« angelaufen werden konnte, mischten sich mehr Vergnügungsreisende unter in ihrer Mehrzahl geschäftsreisende Hotelgäste. Allerdings verzeichnet Wieks Chronik neben Gerhart Hauptmann und Friedrich Schleiermacher noch etliche weitere Berühmtheiten als Besucher.

»Ich verließ das [Wieker] Gasthaus am Montag morgen um acht Uhr ... Draußen warteten der Wirt und seine Frau, sie mit einem großen Rosenstrauß und noch einem Korb voller Kuchen. ... Ihre schlichte Freundlichkeit soll nicht unbesungen bleiben ...«

Warum nicht in Elizabeth von Arnims Lob- und Dankeslied einstimmen? Als gute Geister in Wiek erweisen sich Karl-Heinz Walter, Bürgermeister bis 1994 und engagierter Vorsitzender des Heimatvereins; Günter Käning, aufgeschlossener Gesprächspartner und Autor der selbst in Bierstuben ausliegenden Ortschronik, und natürlich Pfarrer Klaus-Peter Lüdtke.

»Die Sonne strahlte, die Erde trocknete, und von Osten wehte eine leichte Brise, die uns, wie der Wirt sagte, in etwa vier Stunden nach Hiddensee bringen würde ... ein schmaler Streifen Sand im Westen von Rügen. Der Reiseführer, gewöhnlich so wortreich, erwähnt [die Insel] bloß als einen Ort, zu dem Rügen-Reisende Ausflüge machen können, und schlägt mit gewisser Zurückhaltung vor, dort das Leben und die Gewohnheiten der Meeresvögel zu beobachten. ... Das Segelschiff ›Bertha‹ versah an Wochentagen den Fährdienst zwischen Wiek und Stralsund, wenn es das Wetter erlaubte. Ich hatte es für den ganzen Tag ... gemietet ...«

Reisende können für sehr wenig Geld außerordentlich glücklich in Wiek sein …

Mit der »Caprivi«-Dampferkonkurrenz im Pendelverkehr Wiek–Stralsund war der Kapitän des Zweimastseglers »Bertha« sicher nicht sehr glücklich. So kam es wohl auch, daß er sich und seiner Besatzung gern ein Zubrot verdiente, indem er die enorme Schmacke für einen Tag, mit drei Männern, für 15 Mark an zahlungskräftige Ausflügler nach Hiddensee vercharterte, wo sich zu allerlei Getier und Insulanern von Jahr zu Jahr mehr prominente Zugvögel gesellten: Sechzehn Jahre vor Elizabeth von Arnim besuchte Gerhart Hauptmann erstmals die Insel der Fischer, Maler und Poeten. Im HAUS SEEDORN[41] verbrachte der Dramatiker viele Sommer. Die Familie Kruse – Oskar Kruse, dessen Bruder Max und Puppen-Frau Käthe – erwählten ab 1904 die LIETZENBURG zum Domizil und füllten das Haus mit schöngeistigen Gästen. Um 1900 machte sich auf der Insel eine Aufbruchstimmung breit, die zur Gründung des Hiddenseer Künstlerinnenbundes führte. Eine reine Frauenangelegenheit wohlbemerkt, die das Lyceums-Club-Mitglied[42] Elizabeth von Arnim, hätte sie davon gewußt, unbedingt erwähnt und gutgeheißen hätte. Asta Nielsen kam, Henny Porten zog nach, ebenso Erich Mühsam, ein Revolutionär, und Thomas Mann hat 1924 in einem Haus am Bodden an seinem ›Zauberberg‹ geschrieben …

Am schnellsten erreichen Hiddenseebesucher unserer Tage die Insel von Schaprode aus mit dem Wassertaxi, teilt man es mit anderen Leuten, zahlt man 15 Mark pro Nase für die viertelstündige Fahrt zur autofreien Insel.

»Hiddensee erstreckt sich von Norden nach Süden, es ist lang und schmal; wie eine Eidechse liegt es in der Sonne. Es ist vollkommen flach wie eine Sandbank, nur am Nordende steigt es an zu Hügeln mit einem Leuchtturm. … Kloster ist sehr hübsch, sehr klein, eine Handvoll Fischerhäuser. Eine kleine Häuserreihe steht in einem Nest aus Binsen und Weiden am Rande des Wassers, im Hintergrund ein Hügel, und ein wenig hügelauf eine kleine verfallene Kirche, verlassen ohne Turm in einem baumlosen Friedhof.«

Je näher die Küste kommt, desto deutlicher formiert sich der zunächst schemenhafte Strich am Horizont zu Hiddensees Nordspitze, fügt sich zu Schilfgürtel, Wiesenhängen, Gehölzgruppen und Kiefernwäldchen, dem Leuchtturm. Kloster hat einen winzigen Hafen; dort auf einer Bank sitzend, kann man die Stimmung genießen: Schwalben fliegen übers Wasser, Boote dümpeln, überall Weiden; Eß- und Trinkbares gibt es in reetgedeckten Häuschen,

Hiddensee, lang und schmal, liegt wie eine Eidechse in der Sonne …

Andenken, Fahrradverleih, nahebei liegt auch ein einfaches Hotel mit alten Holzveranden. Ein Weg führt Richtung Dorfmitte, gleich rechts fallen zwei kleinere Gebäude auf, die ein flaches Mittelteil miteinander verbindet. Das war das Gasthaus, in dessen Garten Elizabeth im Juli 1901 eine ordentliche kleine Mahlzeit eingenommen hat.[43] Der in seiner Gesamtheit Kloster genannte Hauptort Hiddensees war vom 13. bis ins 16. Jahrhundert Sitz eines Zisterzienserordens, auf den all die ursprünglich turmlosen Kirchen zurückgehen. Danach verfiel der eigentliche Klosterbau und verschwand im Dreißigjährigen Krieg endgültig.

Der Weg führt zur Kirche. Sie ist, nach Elizabeths wenig enthusiastischer Beschreibung (laut Johann Jacob Grümbke glich sie Mitte des 19. Jahrhunderts einem mittelmäßigen Haus, dessen scheußliches Inneres das Hineinsehen nicht belohnte) eine echte Überraschung. Nahezu alles, was aus Holz gestaltet ist, wurde weiß mit blau gestrichen. Himmelsfarben ist auch der Plafond mit Streublümchenmuster aus den zwanziger Jahren. Hoch oben hängt ein muskulöser Engel am Bande. Leider bedeckt das goldbefranste – blaue – Tuch genau die Stelle, die ihn als männlich oder weiblich ausweisen könnte. Sein Haupt ziert ein zur Decke passendes Kränzchen aus Rosen. Mit stechend blauem Blick behält er jede Menge Kunstbeflissene im Auge. Gott sei Dank und mehr noch demjenigen Pfarrer, der den Brauch, dieses Schwergewicht unter den Putti über die Köpfe zarter Täuflinge einschweben zu lassen, ein für allemal abschaffte.

Heute wachsen um das Gotteshaus herum Bäume, auf etlichen Grabsteinen steht der Name Schluck[44]. Im Hintergrund ist der Hof des Insel-Lebensmittelmarktes zu sehen, wo es Bratwürste gibt, die einige Besucher hier noch schnell vor dem Betreten der Kirche verzehren; er dient als Lager für Bier- und Wasserkästen.

»Schweigend eilten wir am Friedhof vorbei, um zu den herrlichsten Dünen zu gelangen …, und als ich zum erstenmal zurücksah, war ich vollkommen überwältigt von der Schönheit der Aussicht … Hinter uns lag ein Kiefernwäldchen und erfüllte die Luft mit Wellen von Duft. Unter unseren Füßen war das kurze Gras voller Blumen … Die Bediente im Gasthaus hatte gesagt, Charlotte sei zum Leuchtturm hinaufgegangen … am Nordende von Hiddensee stand er am Rande der Klippen.«

Bild Seite 112/113: Am Nordende von Hiddensee steht der Leuchtturm am Rande der Klippen.

Die Sonne strahlte, die Erde trocknete, und von Osten wehte eine leichte Brise …

Hinter uns lag ein Kiefernwäldchen und erfüllte die Luft mit Wellen von Duft …

Elizabeth beschreibt hier das Naturschutzgebiet »Dornbusch«. Es beginnt nördlich von Kloster und ist Teil des Nationalparks Vorpommersche Boddenlandschaft. Immer wieder muß man während des beachtlichen Aufstiegs verschnaufen. Zurückschauen. Auch die Aussicht raubt den Atem. Auf von buntgemischter Trockenrasengesellschaft überzogenen Hügeln fallen die vielen kräftig entwickelten Sanddornbüsche auf. Baumartige Exemplare des bis zu 500 Jahre lebensfähigen Rosengewächses sollen rund um den Bakenberg-Leuchtturm einmal zuhauf gewachsen sein. Hier und da sind sie noch zu finden, sturmgebeugt, genau wie die Kiefern, und offensichtlich sehr alt. Aber der Leuchtturm! So fotogen, so leuchtturmmäßig, wie ein Leuchtturm nur sein kann. Hier also ereilt die eheflüchtige Charlotte ihr Schicksal. Da steht Elizabeth im Buch mitsamt dem Professor – noch immer heftig keuchend. Schlau hat sie als Schriftstellerin die glückliche Wiedervereinigung der Nieberleins eingefädelt. Nur was direkt am Rand der hohen, senkrecht abfallenden Steilküste – wie sollte die Frau da entkommen? – noch nach erfolgreich aufgewärmtem Eheglück aussieht, entwickelt sich, wieder daheim, zur um so herberen Enttäuschung. Charlotte wird sich endgültig auf- und davonmachen. Sie hat es satt, immer neue *»kleine Bernhards«* auszubrüten, sie hält es nicht mehr aus. Es gibt da gewisse Parallelen zur Elizabeth von Arnim im richtigen, etwas späteren Leben.

Apropos richtiges Leben: Da gingen sie und Oona nämlich vom Bakenberg aus hinunter nach Grieben, erfreuten sich an einem kleinen binsenumstandenen Weiher mit Pappeln und bummelten durch Kornfelder zurück nach Kloster.[45] Somit nehmen auch Wanderer auf Elizabeth von Arnims Spuren den zauberhaften Wiesenweg nach Grieben, kommen an einem Gewässer vorbei mit der Tafel: »Flächennaturdenkmal Ellersegen, Hang-Quellmoor und Weiher mit charakteristischer Verlandungsvegetation, seltenen Pflanzenarten wie Tannenwedel, Amphibienlaichplatz«. Schön die Kopfweiden, der Stockausschlag aus uralten Pappelstümpfen und die Weißdornbüsche – gut in Form, wie selten. Grieben, seine Reetdachhäuschen, ausgesprochen reizend. Zurück nach Rügen gehts mit dem ganz normalen Dampfer.

»Und damit endete meine Reise rund um Rügen. Von dieser letzten Fahrt zum Bahnhof in Bergen ist nichts zu berichten …«

Da sollte Elizabeth lieber beim gewissenhaft geführten Tagebuchwort ge-

Wie Elizabeth drosselt man auf vergnügliche Art die Reisegeschwindigkeit …

nommen werden: »30. Juli – Wiek – Nassenheide. ... in aufgeräumter Stimmung, fuhren mit der Wittower Fähre, blieben in der Kutsche, nach Landung auf Straße, die anfangs neben der Kleinbahnstrecke von Bergen nach Altenkirchen verläuft. Kirche von Trent tauchte vor uns auf, gerade als der Zug nach Wiek sich näherte, ich bat Wilhelm zu halten, stieg aus, als er das Tempo verlangsamte. Oona auf ihrer Seite tat das Gleiche, wir glaubten, die Pferde würden vor dem Zug scheuen und uns in den Graben werfen – die Eisenbahn fuhr vorbei und wir, Wilhelm nachrufend, wurden gewahr, daß er unser Aussteigen nicht bemerkt hatte, daß er glaubte, wir wären noch in der Kutsche, und fröhlich weiterfuhr – wir riefen, doch wurde unser Rufen von lauthalsem Lachen erstickt. Liefen nach Trent, reichlich ernüchtert.«[46]

Gab es da nicht die gleich zu Beginn der Romanreise geschilderte schreckliche Begegnung mit der Benzinkutsche? Erst vorm Bergener Bahnhof vermißte Wilhelm seine Ladung. Niemals zuvor, beichtete er seiner Dienstherrin, nachdem er Hals über Kopf gewendet und sie reumütig wieder aufgegabelt hatte, sei er so weiß im Gesicht geworden. Elizabeth fragte sich, leicht amüsiert, woher er das eigentlich wisse. Vom 17. Juni 1896 bis zum 3. September 1994 fuhr das Wittower Fährtrajekt, das Elizabeths Gespann zwischen Wiek und Trent transportierte. Es liegt noch da! Es wartet auf seine Überführung ins Schifffahrtsmuseum. Bis 1970 brachte es auch die drei kleinen Waggons der Schmalspurbahn Bergen–Altenkirchen über die 250 Meter Breetzer Bodden. Hüben schob eine Lokomotive sie hinauf, drüben zog sie eine andere herunter. 1984 beraubte man es seiner Schienen. Da gibt es eine neue Fähre, doch Kapitän Henke kennt auch die danebenliegende hundert Jahre alte gut. Mehr als dreißig davon hat er sie gefahren. Sein Decksgehilfe kramt sofort Fotos vom selbstgebauten Modell aus der Brieftasche, die er stolz präsentiert. Es gibt keine Frage zu »seinem« stillgelegten Schiff, die der Kapitän nicht beantworten könnte.

Am anderen Ufer angekommen, steigt die Spannung. An welcher Stelle am Rand der stur geradeaus laufenden Allee ist von weitem der Kirchturm von Trent zu entdecken? Etwa in Höhe der Abzweigung nach Tribkevitz wird er vom Straßenrand aus sichtbar – hier müßte Kutscher Wilhelm Elizabeth und Oona stehengelassen haben. Der Fußweg nach Trent dauert schätzungsweise noch eine gute Viertelstunde. Das Rätsel um Elizabeths letzten Tag auf Rügen ist gelöst. Nun war – und geht – die Reise zu Ende.

Elizabeth und Oona fuhren mit dem D-Zug von Bergen nach Grambow, stiegen dort um in die Kleinbahn. Abends erreichten sie Nassenheide. Vier kleine Mädchen hingen sofort wieder an der Mutter wie Kletten. Henning von Arnim bezeugte seine Freude über die Rückkehr seiner Frau durch ungeteilte Aufmerksamkeit während eines gemeinsamen Gangs durch den mondbeschienenen Garten.

Die Sonne ging strahlend unter. Über alle Begriffe herrlich ...

Postskriptum

Einen Monat später, rechtzeitig zu ihrem fünfunddreißigsten Geburtstag am 31. August 1901, war Elizabeth wiederum nach Hause gekommen, von ihrem letzten Rügenaufenthalt des Jahres zusammen mit den Kindern. Am 9. September konnte sie ans Schreiben gehen, Gutsherrinnenpflichten waren es vor allem, die sie davon abgehalten hatten; durch schier unendliche Dienstbotenprobleme blieb sie ohne Entlastung. Doch bald war ihr die Alltagsablenkung nicht unlieb. Mühsam ging ihr dieses Mal die Arbeit von der Hand, die Unbefangenheit beim Schreiben der ersten Bücher war dahin. Wundervolle Herbsttage verführten zum Toben mit den Töchtern im Garten, »Kleider-Ruinieren« nannten die fünf weiblichen Arnims das wilde Spiel. Sie gingen zusammen Pilze suchen, Elizabeth fotografierte Kühe – einen ganzen Nachmittag lang. Es war herrliches Herbstwetter: »Vollkommener Tag – nur ein sanfter Wind. Ging morgens zur Fasanerie in den leichtesten Sommerkleidern, saß dort und betrachtete die schlanken weißen Stämme der Silberbirken gegen das Grün. Las nach dem Mittagessen Stevenson auf dem Rasen sitzend, während goldene und rote Blätter um mich herum ins Gras fielen, in heiter-gelassener Stimmung. Astern und Tagetes in glühenden Farben, der wilde Wein, der das Haus überzieht, scheint von Stunde zu Stunde mehr zu strahlen. Nach dem Tee auf der Veranda mit H. [Henning] ausgefahren, erst im Sonnenschein, später begleitet von einem nahezu vollen Mond, der im Blau über den Kartoffelfeldern schwamm. Wie glücklich ich bin. H. sagt, meine gute Verdauung sei schuld daran, doch ich weiß es besser, denn hatte ich jemals eine schlechte – und war ich immer glücklich? Sicher nicht!«[47]

Ende Oktober gestand sie sich ein, daß sie mit dem Rügenbuch nicht zurechtkam. »Habe das Gefühl eines kompletten Fehlschlags.« Am 5. November wollte sie das Projekt aufgeben, da war sie gerade bis Putbus gekommen, quälte sich dennoch bis Mitte November damit herum: »Schrieb ein bißchen an Rügen«, lautet fast täglich ihre Eintragung ins Tagebuch. Neue – gesuchte und unwillkommene – Ablenkungen gab es genug. Anläßlich der Herbstmanöver mußten Offiziere mit ihren Leuten zum Essen gebeten werden, sie revanchierten sich mit einem nächtlichen Trompetensolo unter den Fenstern, die Dienstboten waren hingerissen. Henning hatte sich den Magen verdorben, Elizabeth fuhr nach Stettin und besorgte Kaviar als Heilnahrung. Sie fing an, Latein zu lernen. Dann die Weihnachtsvorbereitungen: Einkaufstouren nach Stettin und Berlin, ungezählte Päckchen waren zu packen, die Töchter halfen mit, sollten doch auch alle Kinder des Dorfes beschenkt werden. Elizabeth schmückte Weihnachtsbäume, arrangierte festliche Essen ... und war am Sylvesterabend so müde, daß sie den Jahreswechsel verschlief. Erst am 20. Januar 1902 schrieb sie wieder, die besser als befürchtet ausgefallenen Kritiken ihres gerade erschienenen Buches *The Benefactress* hatten ihr Auftrieb gegeben. Doch irgendwie gelang es ihr immer noch nicht, so voranzukommen, wie sie es sich wünschte. Henning mußte wieder gepflegt werden, dieses Mal versuchte sie es mit Pfefferminztee. Ein Artikel *Über das Verschenken von Büchern* war zu schreiben, eine Serie von Zahnarztbesuchen in Berlin zu absolvieren. Zwei Bälle erforderten Vorbereitungen, sie lohnten sich, denn Elizabeth wurde »von mehreren sehr unerfahrenen jungen Männern«[48] als Gnädiges Fräulein angesprochen. Ingraban, die Dänische Dogge, erwies sich als ungehorsam und verursachte viel Ärger. Mit Lienau, dem Gärtner, mußten die Pfade neu markiert werden. Und frischgefallener Schnee wurde mit Schlittenfahren an der Schwedischen Schanze gefeiert. Am 12. Februar notierte sie: »Bin nun am Ende des 3. Tages, und es gibt 14; ich möchte wissen, wann es fertig werden soll.«[49] Wie lange es tatsächlich dauern würde, und was bis dahin noch alles geschehen sollte, wenn sie das gewußt hätte! Am 4. März kam ihr ein Verdacht, der sie in panischen Schrecken versetzte. Eigentlich mehr als ein Verdacht, Gewißheit, daß sie zum fünften Mal schwanger war. Sie fuhr nach Stettin, um sich mit ihrem Arzt zu besprechen, fand aber kein Verständnis. »Schrieb wenig – sehr wenig«, damit enden am 17. März 1902 vorerst Elizabeths Tagebucheintragungen. 1929 kramte sie während des Umzugs von der Schweiz nach Südfrankreich in alten Papieren, las auf den Treppenstufen ihres Chalets sitzend diese Eintragung und fügte hinzu: »Danach schrieb ich kein Tagebuch mehr, mir war der Wind aus den Segeln genommen ...«[50]

»Was für eine finstere und böse Welt ist das doch. Glaubst du, daß wir uns jemals wieder warm und gemütlich fühlen werden?« Diese Bemerkung am Ende des dritten Kapitels bezog die Autorin also sicher nicht nur auf den Alptraum allzu vieler Betten im Göhrener Hotelzimmer als Zeichen allzu großer Familien. Auch daß Cousine Charlotte im Rügenroman mit vielen kleinen Bernhards ausgestattet wurde, Söhnen, die kaum geboren, schon verstarben, offenbart, was Elizabeth bewegte. Bitter und gar nicht amüsant ist der Unterton in Elizabeths Statement zu den Pflichten einer Frau im vierten Kapitel ihres Romans: *»Ist nicht er das Hirn, sie die willige Dienerin? … Eine Ehefrau ist die Hecke zwischen den kostbaren Blüten des männlichen Geistes und der Hitze und dem Staub der gemeinen alltäglichen Plackerei. Sie ist der schützende Flanell, wenn die Winde des Alltags kalt wehen. Sie ist Prellbock, Trösterin und Köchin, und solange sie diese verschiedenen Rollen freudig übernimmt, ist alles in Ordnung.«* Eine so willige Dienerin, daß sie nach vier Töchtern und lebensbedrohenden Geburten auch weiterhin versuchen würde, den Arnim-Erben zur Welt zu bringen, wollte Elizabeth nie und nimmer sein. Doch es war ihr nicht gelungen, sich zu widersetzen.

Henning Bernd wurde am 27. Oktober 1902 in London geboren. *The Adventures of Elizabeth in Rügen* erschien 1904.

Ruhevoll und silbern der Bodden …

Anmerkungen

1 Heutzutage bildet die Ziegelgrabenbrücke zusammen mit dem Rügendamm die Landverbindung zwischen Stralsund und der Insel Rügen.
2 Victoria Wanda – geb. 1861, seit 1888 mit Major a. D. Ludolph von Veltheim verheiratet – war fünf Jahre älter als Elizabeth.
3 Deutscher Titel *Anna Estcourt*, Ullstein Buch 30377.
4 Wilhelm Malte I. (1783–1854).
5 North, Marianne: Recollections of a Happy Life – Being the Autobiography of Marianne North, Vol. I. Charlottesville and London 1993, S. 24.
6 Wordsworth, William: Präludium oder das Reifen eines Dichtergeistes. Ein autobiographisches Gedicht, Stuttgart 1974, S. 101.
7 Edward Morgan Forsters Romane ›A Room with a View‹, ›Howards End‹ und ›A Passage to India‹ sind sehr erfolgreich verfilmt worden.
8 Insgesamt besuchte Friedrich Wilhelm IV. Putbus zweiundzwanzigmal.
9 Elizabeths Tagebuch.
10 Burkhardt, Albert (Hrsg.): Grümbke, Johann Jacob: Streifzüge durch das Rügenland. Leipzig 1991, S. 151 f.
Grümbke studierte Jura, war bis 1804 Hauslehrer und danach freischaffender Inselforscher, Schriftsteller und Zeichner; er wurde 1771 in Bergen/Rügen geboren, wo er 1849 auch starb.
11 Elizabeths Tagebuch.
12 Vgl. ebd.
13 Ebd.
14 Ebd.
15 Nach der politischen Wende einigte man sich auf eine offizielle Schreibweise des Ortsnamens mit ss an Stelle des bisherigen ß.
16 Vgl. Elizabeths Tagebuch.
17 Das dort »Fahrenheit« genannte prominente Hotel FAHRNBERG wurde später Krankenhaus und im Sommer 1996 dem Erdboden gleichgemacht. Hier nahm auch Johannes Brahms von Juni bis August 1876 regelmäßig seine Mittagsmahlzeiten ein – und komponierte den Schluß seiner Ersten Sinfonie c-Moll.
18 1906 wurden die beiden Orte zusammengelegt.
19 Jendricke, Bernhard, u. Gockel, Gabriele: Rügen – Hiddensee. DuMont Reise-Taschenbücher, 3. Auflage, Köln 1995, S. 150.
20 Elizabeths Tagebuch.
21 Vom Geografen Friedrich Ratzel in seinem 1904 erstmals erschienenen Werk *Über Naturschilderung* verwendete Begriffe.
22 Die Insel Rügen. Reise-Erinnerungen von Ernst Boll, Schwerin 1858, S. 57 f.

23 Burkhardt, Albert (Hrsg.): Johann Jacob Grümbke: Streifzüge durch das Rügenland, a.a.O., S. 106.
24 Vgl. Elizabeths Tagebuch.
25 Vgl. ebd.
26 Dem altnordischen Mythos nach war Ran die Göttin des Meeres und Mutter von neun Wellentöchtern. Ran suchte mit ihrem Netz alle zu fangen, die sich aufs Meer wagten, und sie herrscht über das Totenreich der Ertrunkenen.
27 Vgl. Ewe, Herbert: Rügen, Rostock 1994, S. 17.
28 Tacitus, Publius (?) Cornelius T., geboren um 55, gestorben nach 116 n. Chr.; im Jahre 98 veröffentlichte er die Schrift ›De origine et situ Germanorum‹, die einzige aus der römischen Literatur bekannte länderkundliche Monographie und das wichtigste Zeugnis über Altgermanien. Die hier verwendete Übersetzung stammt aus: Die Insel Rügen, a.a.O., S. 56, und hat, übereinstimmender Wortwahl wegen, Elizabeth von Arnim vermutlich als Vorlage gedient.
29 Vgl. Elizabeths Tagebuch.
30 Vgl. ebd.
31 Auf ihren slawischen Ursprung verweisen beispielsweise Ortsnamenendungen auf -ow und -in.
32 Dieser Roman erschien unter dem deutschen Titel *Die preußische Ehe*, Ullstein Buch 30381.
33 Man weiß von einem lange vorher lebenden, gleichnamigen Hochprediger.
34 Vgl. Elizabeths Tagebuch.
35 Carl Gustav Graf von Wrangel entstammte einem deutschbaltischen Adelsgeschlecht. Er wurde 1613 geboren und starb 1676 unter mysteriösen Umständen in Schloß Spyker.
36 Vgl. Elizabeths Tagebuch.
37 Thomas Carlyle (1795–1881) verstand sich als Vorleber, Vorschreiber und Interpret des viktorianisch genannten Zeitalters.
38 Der sozialkritische L. G. Th. Kosegarten (1758–1818) war 15 Jahre lang Pfarrer in Altenkirchen und mit vielen Geistesgrößen seiner Zeit, darunter Schiller, Goethe, Herder, Humboldt, Schleiermacher, Arndt, Runge, befreundet. Bekannt wurde Kosegarten auch durch seine Uferpredigten, da viele seiner Gemeindemitglieder während der Heringssaison in Küstennähe bleiben mußten, um sofort auslaufen zu können, sobald sich Fischschwärme zeigten. In Vitt erinnert seit 1806 ein Uferbethaus an sein Wirken.
39 Vgl. Elizabeths Tagebuch.
40 Ebd.
41 Im Haus befindet sich eine täglich von 10–17 Uhr geöffnete Gerhart-Hauptmann-Gedenkstätte.
42 Der anonym schreibenden Autorin Elizabeth von Arnim diente ihr Londoner Damenclub als Postadresse, und sie erhielt aus dessen Kreis vielfältige Unterstützung.
43 Vgl. Elizabeths Tagebuch.
44 Gerhart Hauptmann schrieb ein Stück ›Schluck und Jau‹ – an sich Gau –, beides häufige Hiddenseer Namen.
45 Vgl. Elizabeths Tagebuch.
46 Ebd.
47 Ebd.
48 Ebd.
49 Ebd.
50 Ebd.

Lebensdaten
Elizabeth von Arnim

1866 – 31. August: Geboren als Mary Annette Beauchamp in Kirribilli Point/ New South Wales/ Australien.
1870 – April: Übersiedlung der Familie Beauchamp nach England.
1889 – Februar: Italienreise mit dem Vater; trifft in Florenz erstmals den fünfzehn Jahre älteren Henning August Graf von Arnim-Schlagenthin.
1891 – 21. Februar: Hochzeit in London.
Das Ehepaar von Arnim lebt in einer Wohnung in Berlin; Mary Annette wird durch die Eheschließung deutsche Staatsbürgerin.
8. Dezember: Geburt der Tochter Eva Sophie Luise Anna Felicitas (genannt Evi) in Berlin.
1893 – 15. Februar: Geburt der Tochter Elizabeth Irene (genannt Liebet) in Berlin.
1894 – 3. April: Geburt der Tochter Beatrix Edith (genannt Trix) in London.
1896 – Mai: Übersiedlung der Familie von Arnim auf das pommersche Gut Nassenheide.
1897 – 10.–12. Juni: Rügenreise / Sassnitz.
17.–21. August: Rügenreise / Sassnitz und Binz.
1898 – 17.–23. Juni: Rügenreise / Binz.
2.–14. Sept.: Rügenreise / Binz.
Elizabeth and her German Garden (dt.: *Elisabeth und ihr Garten*) erschienen; Mary Annette gibt fortan dem als Pseudonym gewählten Namen »Elizabeth« auch privat den Vorzug.
1899 – 29. Juli: Geburt der Tochter Felicitas Joyce (genannt Queekie) in London.
September: Vorübergehende Inhaftierung des Grafen Henning August von Arnim aufgrund fälschlicher Beschuldigungen.
The Solitary Sommer (dt.: *Sommer ohne Gäste* UB 30360) erschienen.
1900 – *The April Baby's Book of Tunes* (dt.: *April, May und June*) erschienen.
1901 – 11.–15. Juni: Rügenreise / Insel Vilm.
16.–30. Juli: Rügenreise / Rundfahrt als spezielle Recherche für den Roman.
15.–29. August: Rügenreise / Binz.
The Pius Pilgrimage und *The Benefactress* (dt.: *Anna Estcourt* UB 30377) erschienen.
1902 – 27. Oktober: Geburt des Sohnes Henning Bernd (genannt H. B.) in London.
1904 – *The Adventures of Elizabeth in Rügen* (dt.: *Elizabeth auf Rügen* UB 30228) erschienen.
1905 – *Princess Priscilla's Fortnight* (dt.: *Priscilla und das Haus in Devon* UB 30376) erschienen.
1907 – August: Planwagentour durch Südengland als Vorbereitung auf einen Roman; Elizabeth besucht unterwegs den erfolgreichen Romancier H. G. (Herbert George) Wells und dessen Familie.
Fräulein Schmidt and Mr. Anstruther (dt.: *Fräulein Schmidt und Mr. Anstruther* UB 30314) erschienen.
1908 – April: Trennung von Henning von Arnim, Rückkehr mit den fünf Kindern nach England.

1909 – *The Caravaners* (dt.: *Die englische Reise* UB 30371) erschienen.
1910 – 20. August: Henning von Arnim stirbt während eines Kuraufenthalts in Bad Kissingen; Elizabeth und die älteren Töchter sind bei ihm.
Beginn ihrer leidenschaftlichen Affaire mit H. G. Wells.
Priscilla Runs Away, Bühnenfassung von *The Princess Priscilla's Fortnight* in London uraufgeführt.
1912 – Oktober: Fertigstellung ihres repräsentativen »Chalet Soleil« im Wallis; Elizabeth lebt jetzt abwechselnd in den Schweizer Bergen und in England.
1913 – Trennung von H. G. Wells gegen Ende des Jahres.
1914 – Januar: Anfang der Liebesbeziehung zu John Francis Stanley Russell, Viscount Amberley, Enkel eines Premierministers und Bruder des berühmteren Pazifisten und Mathematikers Bertrand Russell.
Nach Ausbruch des Ersten Weltkriegs erfolgreiche Bemühungen um Rückgewinnung der englischen Staatsbürgerschaft
The Pastor's Wife (dt.: *Die preußische Ehe* UB 30381)erschienen.
1916 – 11. Februar: Hochzeit mit Francis Russell in London unmittelbar nach dessen Scheidung; aus Gräfin Arnim wird Countess Russell.
3. Juni: Tragischer Tod der Tochter Felicitas in Bremen.
Oktober: Flucht aus der bedrückenden Ehe in die USA, wohin die Kinder Evi und Liebet nach Ausbruch des Ersten Weltkrieges ausgewandert waren.
1917 – Mai: Rückkehr nach England und zu Francis Russell.
Christine erschienen.
1919 – März: Endgültige Trennung von Francis Russell.
Christopher and Columbus (dt.: *Jenseits des Meeres* UB 30405) erschienen.
1920 – lernt den um dreißig Jahre jüngeren Alexander Stuart Frere kennen, eine Liaison mit allen Höhen und Tiefen beginnt, die danach zu einer lebenslangen Freundschaft wird.
In the Mountains (dt.: *Tagebuch eines Sommers* UB 30411) erschienen
1921 – April: Reise an die italienische Riviera um Impressionen für einen Roman zu sammeln.
Vera (dt.: *Vera* UB 30335) erschienen.
Die lungenkranke Schriftstellerin Katherine Mansfield lebt bis zu ihrem Tod im Januar 1923 viele Monate in der Schweiz, sie mietet sich in Elizabeths Nähe ein Chalet, häufiges Zusammentreffen der Cousinen.
1922 – *Enchanted April* (dt.: *Urlaub von der Ehe* UB 30396) erschienen.
1925 – *Love* (dt.: *Liebe* UB 30349) erschienen.
1926 – *Introduction to Sally* (dt.: *Die Glücksammlerin* UB 30374) erschienen.
1927 – Oktober: Alexander Stuart Frere heiratet.
1928 – Beginn der Suche nach einem Bauplatz an der Cote d'Azur.
1929 – *Expiation* (dt.: *Das Geheimnis der Schwestern* UB 30375) erschienen.
1930 – Oktober: Fertigstellung ihres Hauses »Mas des Roses«; Elizabeth verlegt ihren Lebensmittelpunkt nach Südfrankreich.
1931 – 3. März: Francis Russell stirbt.
Father (dt.: *Vater* UB 30272) erschienen.
1934 – *The Jasmine Farm* (dt.: *Die Farm im Jasmin* UB 30372) erschienen.
1936 – *All the Dogs of my Life* (dt.: *Alle meine Hunde*) erschienen.

1939 – Mai: Emigration in die Vereinigten Staaten; dort rastloses Reisen, unterbrochen von kurzen Aufenthalten in ständig wechselnden Hotels.
1940 – *Fanny* bzw. *Mr. Skeffington* (dt.: *Die sieben Spiegel der Lady Frances* UB 30292)erschienen.
1941 – 9. Februar: Tod in Charleston/South Carolina.
1945 – Die Urne mit den sterblichen Überresten der Elizabeth von Arnim/Russell wurde nach dem Zweiten Weltkrieg nach England geholt und auf dem Friedhof von Penn/Tylers Green neben der ihres geliebten Bruders Sidney Beauchamp beigesetzt.

Bild- und Quellennachweis

Foto Seite 117: Christian Kaiser
Alle übrigen Fotos: Thomas Billhardt
Postkarten: Arthur Schuster, Stettin; R. Lederbogen, Halberstadt

Kirsten Jüngling und Brigitte Roßbeck bedanken sich für die Zitiererlaubnis aus den unveröffentlichten Tagebüchern von Elizabeth von Arnim in den Beständen der Countess Russell Collection der Huntington Library, San Marino CA, USA., und dem Familienarchiv bei Ann Hardham und Sibylla Ritchie.

Trotz intensiver Bemühungen des Verlages ist es nicht gelungen, alle Rechteinhaber ausfindig zu machen. Berechtigte Ansprüche werden selbstverständlich abgegolten.